Springer-Verlag Berlin Heidelberg GmbH

Alexander Kranz (Jahrgang 1971) Studium an der Hochschule für Gestaltung FH Schwäbisch Gmünd; 1995 bis 1996 Emery Vincent Design Sydney, Australien; 1996 Stipendiat am Lahti Polytechnic, Finnland; Abschluss 1997 als Diplom-Designer FH (Neue Medien). Seit 1998 selbstständige Tätigkeit als Designer in Stuttgart und München. Seit 1998 gestalterische Betreuung und Beratung, Stuttgarter Zeitung Online, Stuttgarter Nachrichten Online. 2000 bis 2001 Lehrauftrag Einführung in die Gestaltung mit netzwerkbasierten Medien, Fachhochschule Würzburg-Schweinfurt, Fachbereich Gestaltung. 2002 Gründung »plus gestaltung«, Stuttgart München, Büro für visuelle Kommunikation.

Ricarda Stiller (Jahrgang 1969) Studium der Kunstgeschichte und Romanistik an der Universität Tübingen (1989-92); Studium Kulturwissenschaft und ästhetische Praxis an der Universität Hildesheim mit den Schwerpunkten Bildende Kunst, Literatur und Neue Medien mit Abschluss Diplom (1992-97); Diplomarbeit über künstlerische Darstellungsformen von Literaturprojekten im Internet (1998); Ausbildung zur Multimedia-Publisherin im Journalistenzentrum Haus Busch in Hagen (1999); Volontariat in der Online-Redaktion der Stuttgarter Zeitung (2000-01); seit 2001 Redakteurin (Aktuelles) in der Online-Redaktion der Stuttgarter Zeitung.

Alexander Kranz
Ricarda Stiller

News-Sites

Design und Journalismus

Mit CD-ROM

Springer

Diplom-Designer Alexander Kranz
Diplom-Kulturwissenschaftlerin Ricarda Stiller
plus gestaltung
Strohberg 38
70180 Stuttgart
www.plus-gestaltung.com www.newssitedesign.com
info@plus-gestaltung.com info@newssitedesign.com

ISBN 978-3-642-62894-8 ISBN 978-3-642-55641-8 (eBook)
DOI 10.1007/978-3-642-55641-8

Bibliografische Information Der Deutschen Bibliothek
Die Deutsche Bibliothek verzeichnet diese Publikation in der Deutschen Nationalbibliografie; detaillierte bibliografische Daten sind im Internet über <http://dnb.ddb.de> abrufbar.

http://www.springer.de

Satz: Druckfertige Daten von den Autoren
Umschlaggestaltung: KünkelLopka, Heidelberg

Vorwort

Nach dem anfänglichen Internethype und der Euphorie um die New Economy sind nur wenige erfolgreiche Online-Dienste übrig geblieben. Die meisten Websites lassen sich schwer miteinander vergleichen. Zu unterschiedlich sind sie in Gestaltung, Konzeption und Inhalt. Die Gegenüberstellung von Corporate Websites mit E-Commerce-Sites, Webportalen, Suchmaschinen oder Websites von pfiffigen Designbüros ist optisch zwar sehr reizvoll, besitzt aber grundsätzlich den Nachteil, dass hier immer wieder Websites verglichen werden, die inhaltlich unterschiedliche Ziele verfolgen, andere Dienstleistungen anbieten oder sehr unterschiedliche Produkte vertreiben. Da Zielgruppe und inhaltliche Ausrichtung aber das gesamte Look and Feel einer Site maßgeblich beeinflussen, könnten diese Sites nur sehr oberflächlich und weitgehend ohne spezifische Anregungen miteinander verglichen werden.

News-Sites gibt es auf der ganzen Welt, und sie verfolgen alle das Ziel, den Nutzer mit aktuellen Informationen zu beliefern. Das Internet ist in erster Linie ein Informationsmedium. Es bedien- und navigierbar zu machen ist die herausragende Aufgabe, vor die Web- und Informationsdesigner gestellt sind. Obwohl die meisten News-Sites dieselben Ziele haben, unterscheiden sie sich stark in Design und Konzeption. Mit den technischen Entwicklungen der letzten zehn Jahre und den wachsenden Erkenntnissen im Bereich der Usability haben sich auch die News-Sites weiterentwickelt. Zu diesem Zeitpunkt schien uns eine eingehende Betrachtung und Analyse besonders vielversprechend.

Millionen von Usern konsumieren täglich aktuelle, globale News. Im Zeitalter von DSL und Flatrates kann das Up-to-date-Sein zur Sucht werden. Die minütliche Aktualität von News-Sites gibt dem User das Gefühl, sehr viel verpassen zu können.

Aber gibt es die optimale News-Site, das ultimative Navigationskonzept? Wie schafft der News-Site-Designer die Gratwanderung zwischen funktionalem Corporate Design, intuitiver Navigation, Technik und der großen Menge an Information? Informationskompetenz spiegelt sich im Internet nicht nur durch journalistische Qualitäten wider, sondern zunehmend durch die Art und Weise, wie die Informationen aufbereitet werden.

Ein Informationsangebot, dessen Inhalte schlecht strukturiert und organisiert sind und deshalb nicht gefunden werden, verliert seine Nutzer so schnell, wie sie gewonnen wurden. Der schnelle Zugriff auf die gesuchte Information ist ebenso wichtig wie die nachvollziehbare Verknüpfung von Inhalten. Welcher Weg führt wohin und warum? Wie lange dauert es, bis ich dort bin? Was muss ich mitnehmen, um das Gefundene verwerten zu können?

Welche Ansätze und Methoden gibt es darüber hinaus, Leser an das Medium Internet zu gewöhnen und schließlich wie die Abonnenten einer Tageszeitung an einen Online-Dienst zu binden?

In diesem Buch werden beispielhafte News-Sites des World Wide Web vorgestellt und miteinander verglichen. Das Buch gibt einen Überblick über die globale Internet-Medienlandschaft, indem es erstmals interessante Details einzelner Sites vorstellt und die verschiedenen Herangehensweisen diskutiert. Es gibt dem Leser gestalterische wie inhaltliche Anregungen für die Konzeption komplexer Websites.

Das Buch richtet sich in erster Linie an Webdesigner, Informationsarchitekten und Online-Journalisten. Es beinhaltet keine technischen Details (HTML, CMS) oder Webdesign-Grundlagen. Die Abbildungen im Buch bieten dem Betrachter mit einem Blick Vergleichsmöglichkeiten, die er im Netz so nicht bekommen kann. Gestalterische und strukturelle Zusammenhänge sind leichter zu erkennen und schneller zu durchschauen.

Alexander Kranz
Stuttgart, im Februar 2003

Inhalt

Was dieses Buch nicht ist

Dieses Buch richtet sich nicht an Designer, die lernen wollen, welche Programme, Tools und Programmiersprachen für das Erstellen von Websites verwendet werden müssen. Es gibt bereits sehr viele gute allgemeine Bücher zu den Themen Webdesign und Webprogrammierung. In diesem Buch werden auch generell keine Websites vorgestellt, die nichts mit dem Thema News und aktuellen Informationen zu tun haben. Dennoch lassen sich von beispielhaften, in diesem Buch vorgestellten News-Sites sehr viele Aspekte eines guten News Designs für andere komplexe Websites ableiten.

Die in diesem Buch besprochenen News-Sites

Die in diesem Buch besprochenen News-Sites stellen einen groben Überblick über die News-Landschaft zum Zeitpunkt der Entstehung dieses Buches im Internet dar. Wie wichtig das Thema News im Internet ist, zeigte die Vielzahl an kleinen und großen Veränderungen, die wir während der Recherche bei vielen News-Sites beobachten konnten. Ständig wurden im Bestreben das Angebot zu optimieren Details verändert. Daher werden manche Sites beim Verkaufsstart dieses Buches schon wieder anders aussehen.

Der Überblick in diesem Buch ermöglicht aber dennoch, aus Strategien und Fehlern anderer zu lernen. Die Abbildungen im Buch zeigen neben ein paar »historischen« Abbildungen die News-Sites, wie wir sie von Dezember 2001 bis Februar 2003 vorgefunden haben.

www.newssitedesign.com
Die Website zum Buch bietet Aktualisierungen, weiterführende Links und die Möglichkeit, neue Entwicklungen zum Thema News-Site Design zu verfolgen.

Der folgende Auszug aus der Liste von Veränderungen verdeutlicht dies:

www.clarin.com
Größerer Soft-Relaunch

www.ftd.de
Grafische Form der Teaser wird reduziert.

www.iht.com
Teile der Funktionalität werden reduziert, Headline der Artikelanrisse wird über diese gestellt, um eine zusätzliche Werbespalte zu erhalten.

www.nrc.nl
Statische Main-Left-Navigation wird durch ein dynamisches Ausfahrmenü ersetzt.

www.nzz.ch
In der mittleren Content-Spalte wird eine zusätzliche Spalte für Ressort-Teaser integriert.

www.spiegel.de
Redesign der Homepage, rechte Teaser-Spalte wird vergrößert und mit Grau hinterlegt, zeitgleich verschwindet die graue Unterlegung des Topthemas.

www.stern.de
Bildteaser im Kopf der Homepage wird stark vergrößert, Aufklappmenüs fallen weg. Kompletter Relaunch Ende 2002.

www.worldnews.com
Ein Farbsystem auf der Homepage wird eingeführt.

www.zeit.de
Zeitungsoptik (Titelseite) wird Ende 2002 etwas entschärft. Integration eines Newstickers. Die linke Spalte für Content-Werbung wird verbreitert.

Die meisten dieser Änderungen sind mit Bildmaterial in diesem Buch dokumentiert.

Wie liest man dieses Buch?

Damit dieses Buch den größtmöglichen Nutzen hat, haben wir Funktionen integriert, die das Lesen, Betrachten und Vergleichen der vielen Screenshots einfacher machen.

Nummerierung der Abbildungen

Abbildungen sind immer nach Seitenzahl nummeriert. Eine Abbildung mit der Nummer (Abb. 133a) ist auf Seite 133 zu finden.

Überblick

Von den meisten News-Sites, die in diesem Buch erwähnt werden, bieten wir einen Überblick über deren Angebot mit stellvertretenden Screenshots der Seiten Homepage, Ressort-Startseite, Artikelseite. Da die Screenshots in diesem Buch oft sehr klein sind, sind in diesem Überblick zumindest die Homepages größer dargestellt als dies in den Kapiteln selber möglich gewesen wäre.

Die Sites dieses Kapitels sind nach Ländern alphabetisch geordnet und bieten so eine schnelle Vergleichsmöglichkeit.

Zusätzlich findet man hier auch eine Kurzbeschreibung der jeweiligen Angebote mit Schwerpunkten auf Reichweite, Ausrichtung, Stellenwert und Inhalte. Die Aufnahme in dieses Kapitel stellt nicht unbedingt ein Qualitätsmerkmal dar.

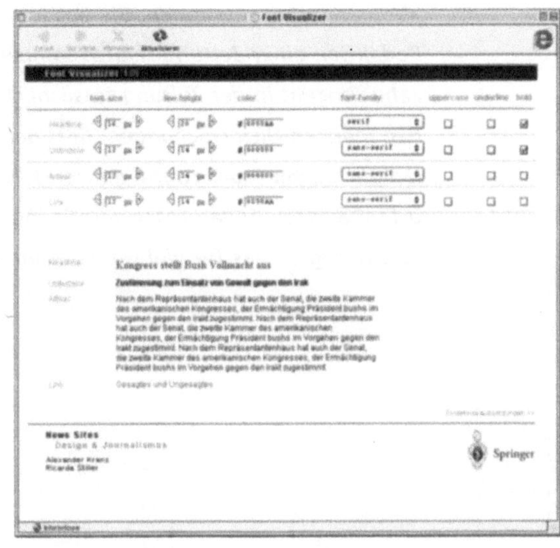

Die CD-ROM

Die Simulation von ungeglätteten HTML-Fonts, also systemübergreifend zur Verfügung stehenden Fonts, in Bildbearbeitungsprogrammen wie Adobe Photoshop entspricht nicht dem tatsächlichen Schriftbild auf einer HTML-Seite. Das auf der CD-ROM präsentierte Tool »HTML-Font-Visualizer« hilft dem Screendesigner bei der Auswahl von HTML-Schrifttypen. Der Designer kann mit dessen Hilfe ohne aufwändige Programmierung die optische Wirkung der diversen Fonts bequem vergleichen.

Benötigte Software

Zur korrekten Ausführung des Font Visualizers benötigen Sie einen DOM 2.0-fähigen Browser, z.B.
Netscape 6
Internet Explorer 6
Opera 6

Das verwendete Betriebssystem spielt keine funktionale Rolle. Bitte beachten Sie aber, dass die Verfügbarkeit aufgeführter Schriften vom Betriebssystem abhängt.

Verwendete Technik beim Font Visualizer

Das w3-Konsortium definierte am 13. November 2000 die zweite Version des Document Object Models (DOM 2) – einen Programmierstandard (ursprünglich als Empfehlung an die Browserhersteller), der den dynamischen Zugriff auf Inhalt und Struktur einer Internet-Seite regelt. Das Dokument kann jetzt geändert werden, ohne die Seite neu laden zu müssen. Es ist möglich, mit DOM eine geladene Seite im nachhinein komplett umzugestalten, auch als interaktive Reaktion auf den User.

Die unterschiedlichen Wege der Browserhersteller hatten die Programmierer lange Zeit gezwungen, umfangreiche Browserabfragen in den Seiten-Code einzubauen, um die speziellen Funktionen der vorliegenden Software zu nutzen. DOM regelt jetzt klar den fast unbegrenzten Zugriff auf das Dokument – ab der Version 2 nicht mehr nur auf Inhalt und Struktur, sondern auch auf Layout-Vorlagen (Style Sheet-Angaben).

Wir haben uns beim Font Visualizer für diese Methode entschieden, weil sie dem User erlaubt, Inhalte und deren Darstellung eigenen Wünschen entsprechend umzugestalten.

1

»Von allen Informationen, die das Nachrichtenressort und die Redaktion einer Zeitung täglich sammeln (...), werden nur etwa zehn Prozent in der Zeitung tatsächlich verwendet. Glaubt man den meisten Untersuchungen, liest der Leser davon wiederum lediglich zehn Prozent. Die ganze Mühe des Vertriebs dient also offenbar dazu, jeden Leser gerade mit einem Prozent des Materials zu versorgen, das für viel Geld gesammelt wurde.«

Anthony Smith, 1981

1

News-Sites

Clarin

www.clarin.com

Die argentinische Tageszeitung mit einer Auflage von 700.000 Exemplaren gehört zu den meistgelesenen Zeitungen in spanischer Sprache. Im Jahr 1947 in Buenos Aires gegründet und seit ihrem Bestehen unabhängig, wird sie von allen Schichten der Bevölkerung gelesen.

sichtbarer Bereich: 600 Pixel

Homepage

Ressort-Startseite

Artikel

La Nacion

www.lanacion.com.ar

La Nacion startete im Jahr 1995 als erste argentinische Zeitung mit einem Online-Auftritt. Die Tageszeitung mit einer Auflage von 630.000 gilt als eine der wichtigsten Stimmen in der argentinischen Presselandschaft. Die 1870 gegründete Zeitung steht für Meinungsfreiheit und Unabhängigkeit, obwohl seitens des Péron-Regimes immer wieder politischer Druck ausgeübt wurde.

Homepage

Ressort-Startseite

Artikel

La Tercera

www.tercera.cl

Die chilenische Tageszeitung mit einer Auflage von 150.000 Exemplaren wird überwiegend von der Mittelschicht gelesen, die sich insbesondere für den Sportteil interessiert (210.000 Exemplare am Sonntag). Der Online-Auftritt ist sehr serviceorientiert und enthält eine Vielfalt von thematisch geordneten Dossiers.

sichtbarer Bereich: 600 Pixel

Homepage

Ressort-Startseite

Artikel

South China Morning Post

www.scmp.com

Die in Hongkong erscheinende Tageszeitung hat eine Auflage von 104.000 Exemplaren. Die *South China Morning Post* gilt als gute Kontrollinstanz, insbesondere des südlichen China. Im Web findet man die Zeitung seit 1995. Das umfangreiche Archiv enthält alle Zeitungsartikel, die gegen Bezahlung abgerufen werden können.

sichtbarer Bereich: 600 Pixel

Homepage

Ressort-Startseite

Berlingske Tidende

www.berlingske.dk

Die älteste dänische Tageszeitung (1749 gegründet) erscheint mit 155.000 Exemplaren. Ende 1997 ging die Zeitung ins Netz. Ziel dieser Web-Präsenz ist es, über ein Informationsangebot mit tagesaktuellen Nachrichten hinaus, Hilfsmittel für die Online-Recherche und Diskussionsforen zu den wichtigsten politischen Debatten anzubieten.

Homepage

Ressort-Startseite

Artikel

Bild

www.bild.de

Die größte deutsche Boulevardzeitung mit einer Auflage von 4,4 Millionen Exemplaren erscheint in Hamburg. Das Äquivalent zur britischen *Sun* zielt mehr auf Aufmerksamkeit als auf Inhalt, der in die Tiefe geht. So präsentiert sich die Online-Zeitung im Wesentlichen ganz ähnlich wie das Print-Produkt.

Homepage

Ressort-Startseite

Artikel

Die Welt

www.welt.de

Die konservative Tageszeitung aus dem Hause Springer erscheint mit 208.000 Exemplaren. Sie zeichnet sich durch einen ausführlichen Wirtschafts- und Immobilienteil aus. Seit 1948 gibt es zusätzlich die *Welt am Sonntag* mit einer Auflage von 396.000, die mehr großformatige Farbfotos beinhaltet und eher auf Unterhaltung zielt. Seit Frühjahr 1995 ist die Zeitung online.

sichtbarer Bereich: 600 Pixel

Homepage

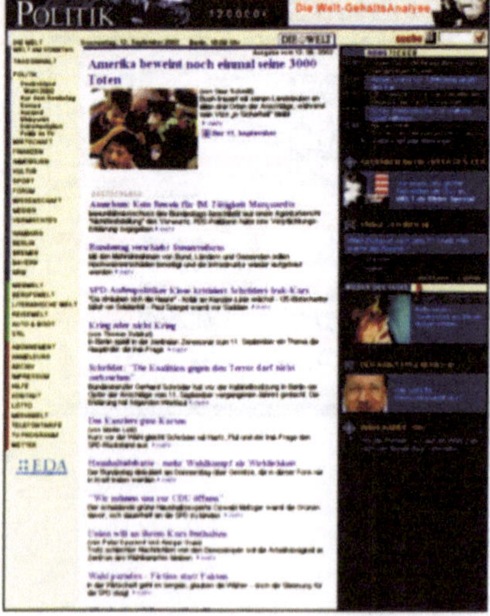

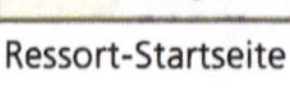

Ressort-Startseite

Artikel

Die Zeit

www.zeit.de

Die anspruchsvolle Wochenzeitung mit 490.000 Exemplaren erscheint in Hamburg. Als eine der ersten Online-Zeitungen gibt sie sich ein stark an eine gedruckte Zeitung angelehntes Erscheinungsbild. Die Inhalte aus der Wochenzeitung werden nur in Auszügen frei im Netz zur Verfügung gestellt.

Homepage

Ressort-Startseite

Artikel

Financial Times Deutschland

www.ftd.de

Seit Februar 2000 erscheint die *Financial Times Deutschland (FTD)* – wichtigste Tageszeitung für das Fachgebiet Wirtschaft – auch in einer deutschen Ausgabe. Und das Besondere an der FTD: Sie kam zeitgleich mit ihrer Internet-Ausgabe auf den Markt. Print- und Online-Medien agieren hier also nicht gegen-, sondern miteinander. Die FTD wurde zum lachsrosa Prototypus dessen, was Medienexperten Konvergenz nennen: Unterschiedliche Medien wachsen zusammen und ergeben mehr als die Summe der einzelnen Teile.

sichtbarer Bereich: 600 Pixel

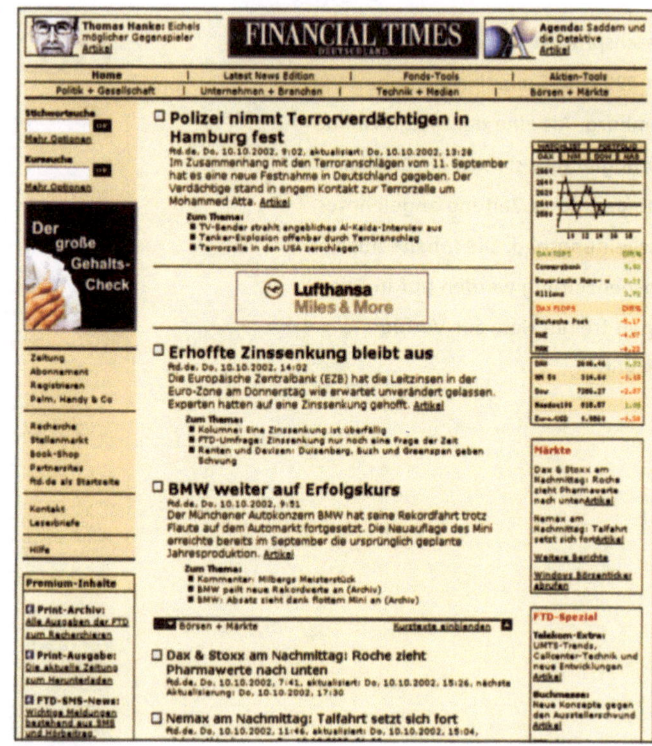

Homepage

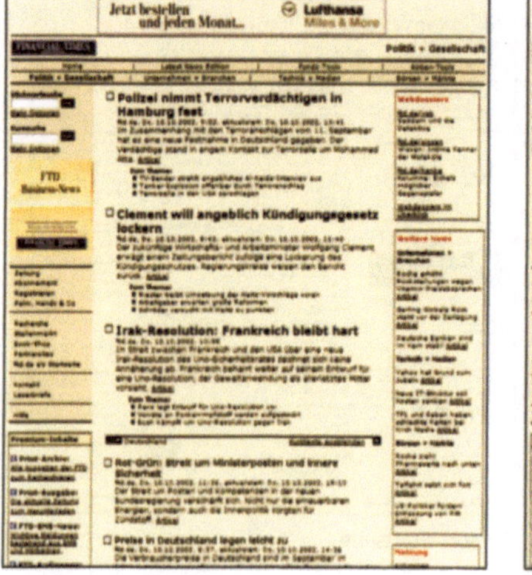

Ressort-Startseite

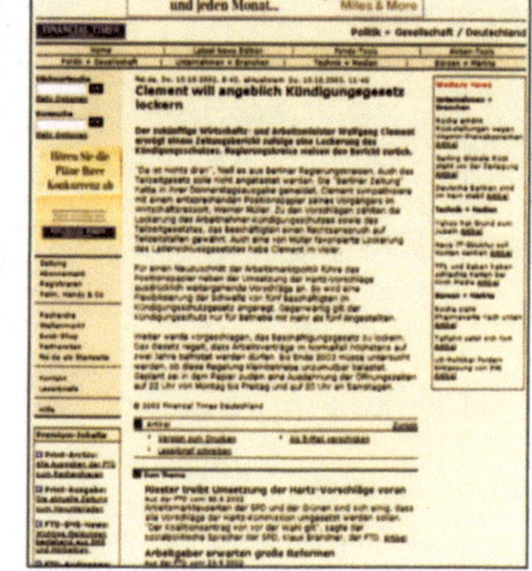

Artikel

Focus

www.focus.de

Das 1993 auf den Markt gebrachte Wochenmagazin erscheint mit 560.000 Exemplaren. Das zur Burda-Gruppe gehörende Blatt ist bekannt für seine kurzen Artikel und den extremen Einsatz von Infografiken. *Focus* ist angetreten, das erste »echte« Konkurrenzprodukt für den *Spiegel* zu werden.

sichtbarer Bereich: 600 Pixel

Homepage

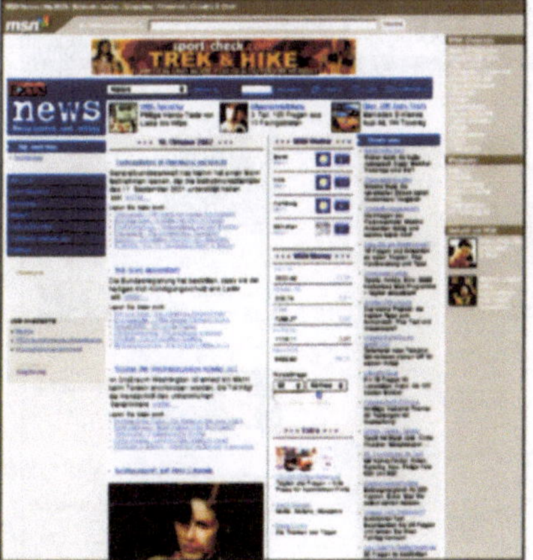

Ressort-Startseite

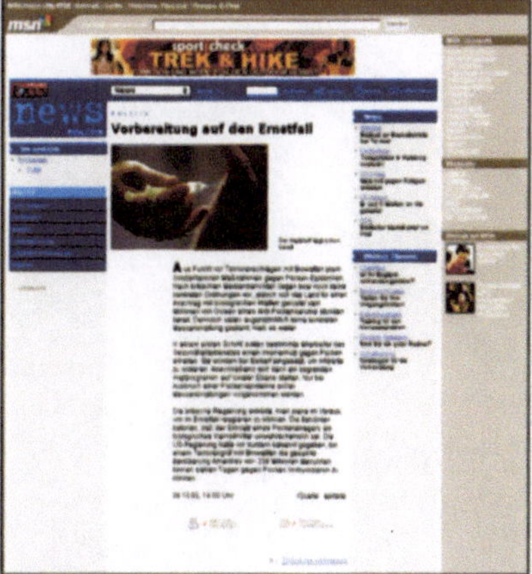

Artikel

Frankfurter Allgemeine Zeitung

www.faz.net

Als eine der letzten Tageszeitungen ging die *F.A.Z.* im Jahr 2001 ins Internet. Während die Inhalte der Tageszeitung unter www.faz.de zu finden sind, werden unter www.faz.net von einer unabhängigen Online-Redaktion permanent aktuelle Inhalte bearbeitet.

sichtbarer Bereich: 600 Pixel

Homepage

Ressort-Startseite

Artikel

Frankfurter Allgemeine Zeitung

www.faz.de

Die liberal konservative Tageszeitung wurde im Jahr 1949 gegründet und erscheint in einer Auflage von 394.000 Exemplaren. Die große überregionale Tageszeitung ist bekannt für ihre personell gut bestückten Redaktionen und ihr dichtes Korrespondentennetz auf der ganzen Welt.

Homepage

Ressort-Startseite

Artikel

Hamburger Morgenpost

www.mopo.de

Nach dem Redesign von Mario Garcia 2002 präsentiert sich der Online-Auftritt der *Hamburger Morgenpost* mit einem bunten Farbleitsystem. Neben aktuellen Nachrichten bietet die Site, die sich auch als Info- und Communityportal für Hamburg sieht, auch einen Marktplatz, Veranstaltungsdaten und ein Konzertticketoffice.

Homepage

Ressort-Startseite

Artikel

Handelsblatt

www.handelsblatt.de

Die Wirtschafts- und Börsenzeitung erscheint täglich in einer Auflage von 155.000 Exemplaren. Während die gedruckte Fachzeitung für ein seriöses und spartanisches Erscheinungsbild steht, ist die Online-Ausgabe etwas schwer und bunt. Der Online-Auftritt der ersten deutschen Wirschafts-Tageszeitung wurde im Jahr 1997 komplett überarbeitet. Eher als Ergänzung zum Print-Produkt gedacht, findet man nicht alle gedruckten Inhalte, sondern vielmehr tagesaktuelle Nachrichten, die schnell umgesetzt werden.

Homepage

Ressort-Startseite

Artikel

Netzeitung

www.netzeitung.de

Die erste deutsche reine Online-Zeitung ohne Print-Pendant erscheint seit November 2000. Ursprünglich aus der norwegischen, zum Lycos-Konzern (Lycos Europe) gehörenden News-Site Nettavisen hervorgegangen, gehört sie seit Juli 2002 zu BertelsmannSpringer. Mit einem durchweg jungen Redaktionsteam gehört sie zu den personell besser ausgestatteten Online-Redaktionen in Deutschland.

sichtbarer Bereich: 600 Pixel

Homepage

Ressort-Startseite

Artikel

Rheinische Post

www.rp-online.de

Die Auflage der *Rheinischen Post* erreicht eine Höhe von 435.000 Exemplaren. Der Onlinedienst aus dem Hause der *Rheinischen Post rp online* erreicht mittlerweile 16,5 Mio. Page-Impressions (November, 2002). Neben einem umfangreichen Newsticker bietet die News-Site auch Anzeigenmärkte.

Homepage

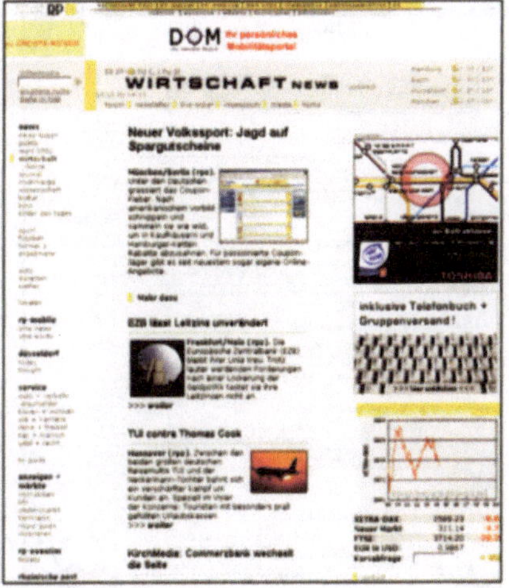

Ressort-Startseite

Artikel

Rheinpfalz

www.rheinpfalz.de

Die schlanke und dynamische Navigation auf der Homepage schafft Platz für einzelne Artikelanrisse aus allen Ressorts. Die gedruckte Ausgabe der *Rheinpfalz* erreicht eine Auflage von 235.000 Exemplaren.

sichtbarer Bereich: 600 Pixel

Homepage

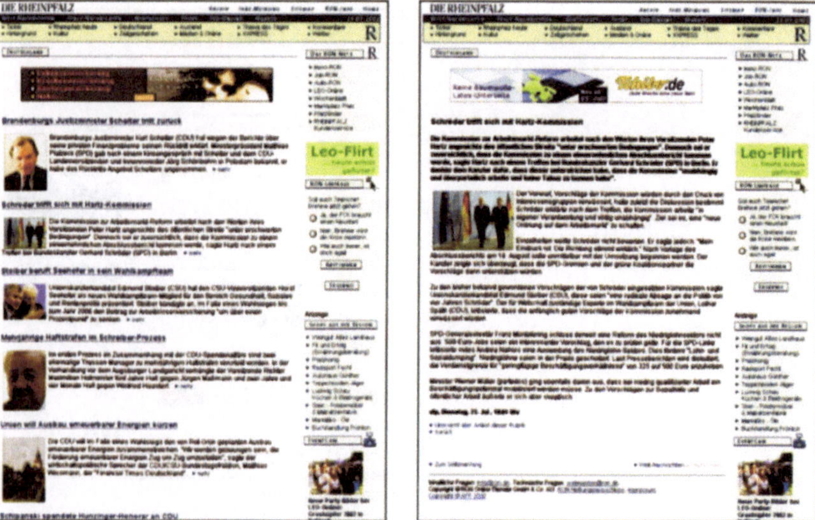

Ressort-Startseite

Artikel

Rheinzeitung

www.rheinzeitung.de

Rheinzeitung online verwendet diverse dynamische Ausfahrmenüs, um dem Nutzer das Navigieren zu erleichtern. Neben dem aufklappbaren Newsticker ist das Angebot in vier Channels aufgeteilt. Die gedruckte Zeitung erreicht mit allen Regionalausgaben eine Leserschaft von 700.000 Lesern.

Homepage

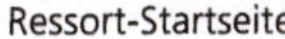
Ressort-Startseite

Artikel

Spiegel

www.spiegel.de

Das politische Wochenmagazin erscheint in einer Auflage von 1,1 Millionen Exemplaren. Seit 1947 auf dem Markt, steht der *Spiegel* für investigativen und unabhängigen Journalismus. Der Gründer Rudolf Augstein war für seine bissigen Kommentare bekannt. Spiegel-Online profitiert nicht nur vom großen Namen des Muttermediums, der Auftritt ist bis auf Datails auch durchweg gelungen. Ein kompetentes Redaktionsteam verknüpft die Inhalte des gedruckten Magazins mit immer aktuell ergänzten Nachrichten vom Tage. Zahlreiche Dossiers und Sonderbereiche werden angeboten, so dass man sich auf der Site schon mal verirren kann.

sichtbarer Bereich: 600 Pixel

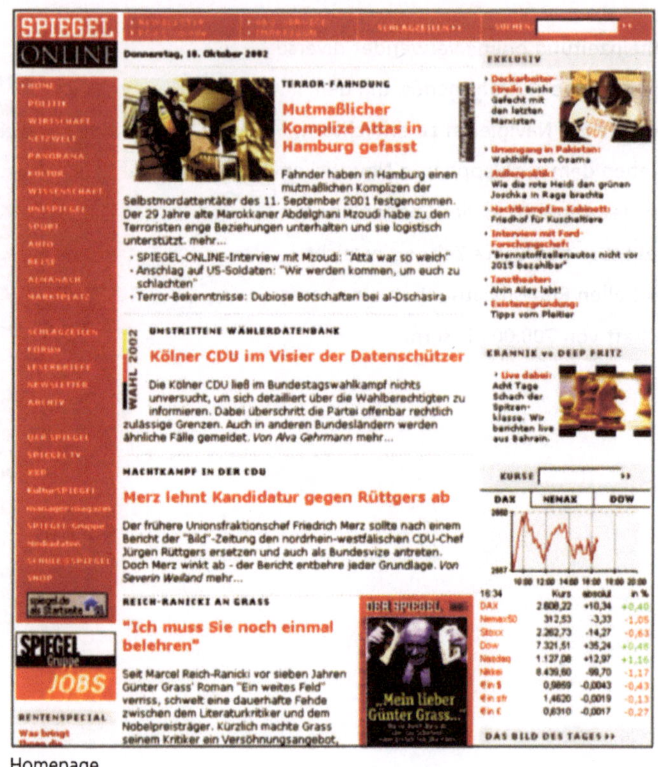

Homepage

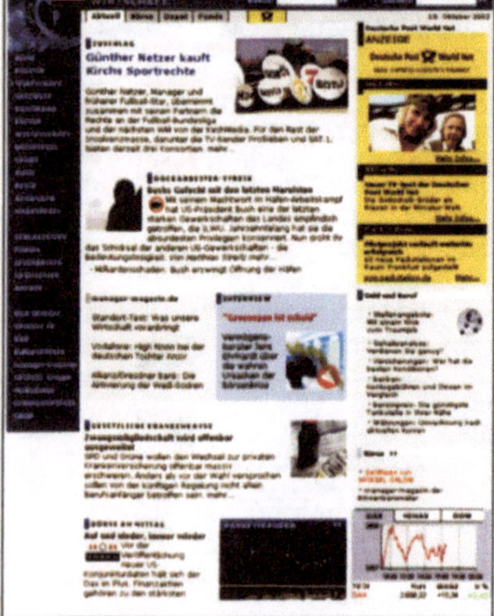

Ressort-Startseite

Artikel

Stern

www.stern.de

Die Wochenzeitschrift erscheint im Hause Gruner + Jahr mit 1,275 Millionen Exemplaren. Immer auf der Suche nach einer Enthüllungsstory, geriet der *Stern* mit den gefälschten Hitlertagebüchern in Misskredit. Im Dezember 1995 ging der *Stern* online und legt besonderes Gewicht auf Service. Das Magazin im Internet soll dynamisch erscheinen und nicht nur die Inhalte des Print-Produktes präsentieren.

sichtbarer Bereich: 600 Pixel

Homepage

Ressort-Startseite

Artikel

Stuttgarter Zeitung

www.stuttgarter-zeitung.de

Die größte Tageszeitung in der Region Stuttgart erscheint mit knapp 150.000 Exemplaren. Die zwar überregional verbreitete, liberale Zeitung ergänzte im Jahr 2002 den bislang auf die Stadt Stuttgart fokussierten Lokalteil um mehrere Regionalausgaben. Seit 1996 im Internet, gehört die Online-Redaktion zu den ersten ihrer Größe, die eigenständige Inhalte für das Internet produzierten und mit multimedialen Darstellungsformen experimentierten. Nach einem großen Relaunch im Herbst 2001 konzentrierte man sich auf die wesentlichen Inhalte einer News-Site, die auch eine umfangreiche Veranstaltungsdatenbank enthält.

Homepage

Ressort-Startseite

Artikel

Süddeutsche Zeitung

www.sueddeutsche.de

Im konservativen Bayern wenig geschätzt, gehört die *Süddeutsche Zeitung* mit einer Auflage von 400.000 Exemplaren zu den meistgelesenen linksliberalen Tageszeitungen in Deutschland. Die Internet-Präsenz, seit 1995 online, bietet in erster Linie eine Aufbereitung von ausgewählten Artikeln der Tageszeitung, ergänzt um aktuelle News und Extras.

sichtbarer Bereich: 600 Pixel

Homepage

Ressort-Startseite

Artikel

Zollernalbkurier

www.zollernalbkurier.de

Die News-Site des mit einer Auflage von 350.000 Exemplaren erscheinenden *Zollernalbkuriers* ist sehr schlicht gehalten und verwendet ein Farbleitsystem. Der Schwerpunkt liegt deutlich auf dem Lokalen. Weltpolitik ist in der Hauptnavigation hinter dem Lokal- und dem Sportteil erst an dritter Stelle zu finden.

sichtbarer Bereich: 600 Pixel

Homepage

Ressort-Startseite

Artikel

Postimee

www.postimee.ee

Die traditionsreichste und wichtigste Tageszeitung Estlands, gegründet 1857, erscheint mit 60.000 Exemplaren und hat sich liberalen Werten verpflichtet. Im Internet wird der gesamte Zeitungsinhalt angeboten und das Archiv beinhaltet sogar Ausgaben bis zu über einem Jahr zurück. Der Online-Auftritt wird jedoch nur in finnischer und estonischer Sprache angeboten und somit kaum über die Grenzen Finnlands und Estlands hinaus wahrgenommen.

sichtbarer Bereich: 600 Pixel

Homepage

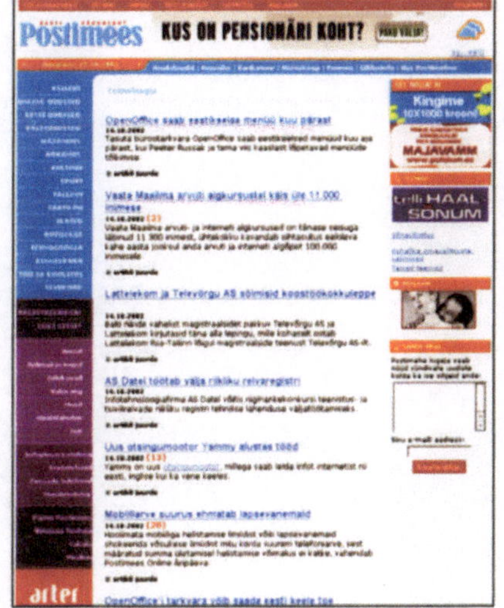

Ressort-Startseite

Artikel

Sosialurin

www.sosialurin.fo

Die teilweise kostenpflichtige News-Site der Färöer-Inseln *Sosialurin* bietet den knapp 48.000 Bewohnern fast ausschliesslich regionale Nachrichten. Die Corporate Colour ist hier außerordentlich passend gewählt.

Homepage

Ressort-Startseite

Helsingin Sanomat

www.helsinginsanomat.fi

Die unabhängige und liberale Tageszeitung ist die größte finnische Morgenzeitung und erscheint in einer Auflage von 450.000 Exemplaren. Der Internet-Auftritt mit englischsprachigem Teil erweist sich als äußerst vielseitig und tagesaktuell, was in einem Land, das weltweit die größte Internet-Durchdringung aufweist, wenig erstaunt. Leider ist die etwas grobe Gestaltung der Site leicht unübersichtlich.

sichtbarer Bereich: 600 Pixel

Homepage

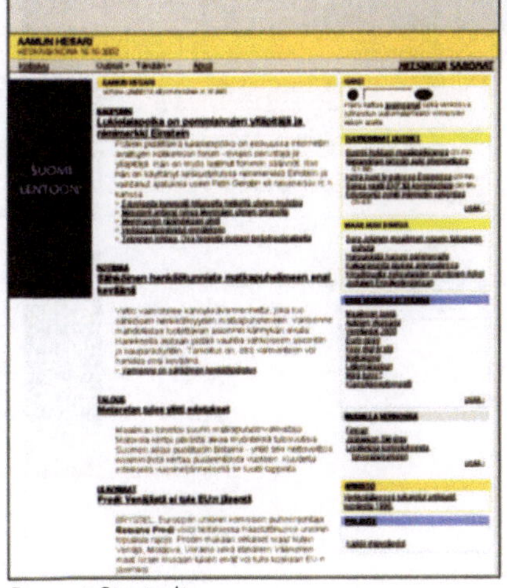
Ressort-Startseite

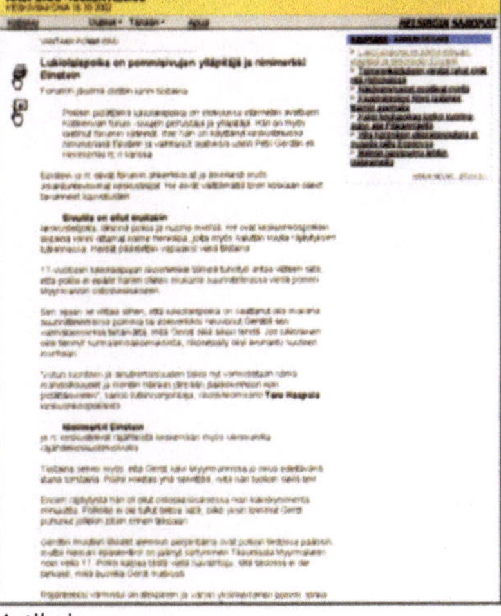
Artikel

International Herald Tribune

www.iht.com

Die französische Tageszeitung wird bereits seit 1887 verlegt. Sie erscheint gleichzeitig in 22 Städten auf der ganzen Welt in über 180 Ländern mit insgesamt 234.700 Exemplaren. Als gemeinsames Tochterunternehmen von *New York Times* und *Washington Post* enthält die Zeitung Artikel dieser beiden Zeitungen neben Agenturberichten und eigenen Artikeln. Die *New York Times* hat im Januar 2003 die Anteile der *Washington Post* übernommen.

sichtbarer Bereich: 600 Pixel

Homepage

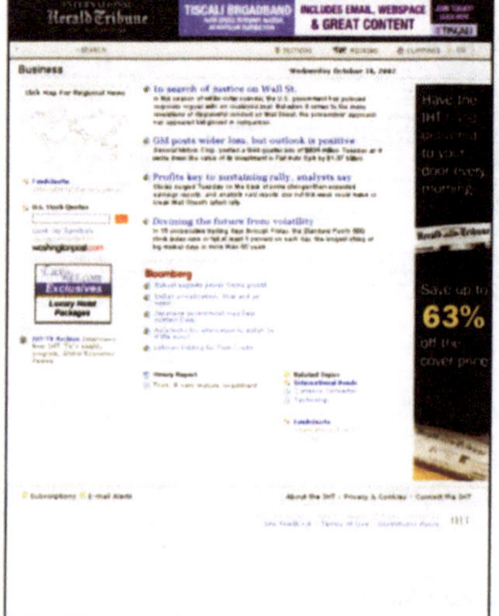

Ressort-Startseite

Artikel

Le Figaro

www.lefigaro.fr

Der *Figaro* ist die größte nationale Tageszeitung in Frankreich. Sie erhebt den Anspruch, den Liberalismus zu verteidigen, und ist auffallend wirtschaftsfreundlich.

sichtbarer Bereich: 600 Pixel

Homepage

Ressort-Startseite

Artikel

Le Monde

www.lemonde.fr

Unbestritten die wichtigste Tageszeitung Frankreichs, insgesamt ausgewogen und in der politischen Mitte angesiedelt. Weit über die Grenzen Frankreichs hinaus kennt man die wöchentlich erscheinende Beilage *Le Monde diplomatique*. Der Internetauftritt ist großzügig gestaltet und überrascht mit originellen Features.

Homepage

Ressort-Startseite

Artikel

BBC Online/News

http://news.bbc.co.uk

Die British Broadcasting Corporation wurde im Jahr 1922 gegründet und gilt als einer der Pioniere in der Entwicklung von Radio-, Fernseh- und Online-Formaten. Auf den News-Sites der BBC findet man alle wichtigen Weltnachrichten sowohl in Text und Bild als auch häufig in Audio- und Videodateien. Pressekonferenzen werden live übertragen und Radionachrichten können über Internet angehört werden.

Homepage

Ressort-Startseite

Artikel

Financial Times

www.ft.com

Die wichtigste Tageszeitung aus London für das Fachgebiet Wirtschaft. Sie erscheint in einer Auflage von 480.000 Exemplaren. Zwar ist sie nicht die meistverkaufte Wirtschaftszeitung, wird durch ihre weltweit verbreiteten Erscheinungsorte jedoch gleichzeitig auf der ganzen Welt gelesen.

sichtbarer Bereich: 600 Pixel

Homepage

Ressort-Startseite

Artikel

Guardian Unlimited

www.guardian.co.uk

Im Jahr 1921 in Manchester gegründet, erscheint die unabhängige und links angesiedelte Tageszeitung in einer Auflage von 400.000 Exemplaren. Die hohe Qualität der gedruckten Zeitung gilt auch für den Online-Auftritt, der nur einen Teil der Print-Artikel enthält und für seine klare Gestaltung bekannt ist. Die große Menge an Inhalten ist mittlerweile jedoch schwer zu durchschauen. In dem nach Themengebieten in verschiedene Sites aufgesplitteten Internet-Auftritt befasst sich ein ganzes Ressort ausschließlich mit der Welt des Fußballs. Bekannt sind auch zu aktuellen Ereignissen produzierte Flash-Specials. An anderer Stelle können Arbeitsuchende (www.jobsunlimited.co.uk) komfortabel Jobs recherchieren.

sichtbarer Bereich: 600 Pixel

Homepage

Ressort-Startseite

Artikel

The Daily Telegraph

www.telegraph.co.uk

Der *Daily Telegraph* ist mit einer Auflage von 1,1 Millionen Exemplaren die größte Tageszeitung der Rechten. Die Zeitung hat ihren Sitz in London und fühlt sich »traditionell-moralischen Werten« verpflichtet. Das leicht angestaubte Image wird durch progressive, moderne Beilagen aufgewertet. Die mittlerweile zum Portal mutierte News-Site mit Registrierungspflicht bietet sehr vielfältige Ressorts und geht weit über das Angebot einer regulären News-Site hinaus.

sichtbarer Bereich: 600 Pixel

Homepage

Artikel

The Economist

www.economist.com

Als eine der einflussreichsten Zeitschriften der Welt erscheint der *Economist* wöchentlich in einer Auflage von 708.000 Exemplaren. Er gilt als federführend in wirtschaftlichen, politischen und gesellschaftlichen Belangen und enthält eine monatliche Beilage über Neuerscheinungen auf dem Büchermarkt und im Multimediabereich. Fast die Hälfte der Leserschaft stammt aus den USA. Die Artikel in dem klar gestalteten Internet-Auftritt, der auch inhaltlich besticht, sind zum Teil kostenpflichtig.

Homepage

Ressort-Startseite

Artikel

The Sun

www.thesun.co.uk

Im Jahr 1911 gegründet, hat sich die *Sun* zu der maßgeblichen Boulevardzeitung entwickelt. Mit einer Auflage von 3,8 Millionen Exemplaren verbreitet die zum Murdoch-Imperium gehörende Tageszeitung Klatsch und Tratsch, politisch konservativ und teilweise fremdenfeindlich.

sichtbarer Bereich: 600 Pixel

Homepage

Ressort-Startseite

Artikel

Times Online

www.timesonline.co.uk

Die älteste und bekannteste Tageszeitung Großbritanniens (gegründet 1785) erscheint in einer Auflage von 811.000 Exemplaren. Die seit 1981 ebenfalls zum Murdoch-Imperium gehörige *Times* repräsentiert die Stimme des britischen Establishments. Der Online-Auftritt vereint die ansonsten sehr unterschiedlichen Produkte *Times* und *Sunday Times*. Die klare Benutzeroberfläche erlaubt es dem Nutzer durch die Site zu navigieren, ohne die Orientierung zu verlieren.

sichtbarer Bereich: 600 Pixel

Homepage

Ressort-Startseite

Artikel

Gilan Independent Daily

www.gilantoday.com

Wie alle iranischen Tageszeitungen bietet Gilan Today die tagesaktuellen Nachrichten der gedruckten Zeitung als PDF zum Download an.

sichtbarer Bereich: 600 Pixel

Homepage

Irish Independent

www.unison.ie/irish_independent

Mit einer Auflage von 160.000 ist der *Irish Independent* die wichtigste von den drei Dubliner Tageszeitungen. Die liberale Zeitung legt ihre Schwerpunkte auf die problematischen religiösen und sozialen Themen. Die gut strukturierte Internetsite mit einfacher Nutzerführung erscheint in der grünen Nationalfarbe.

Homepage

Ressort-Startseite

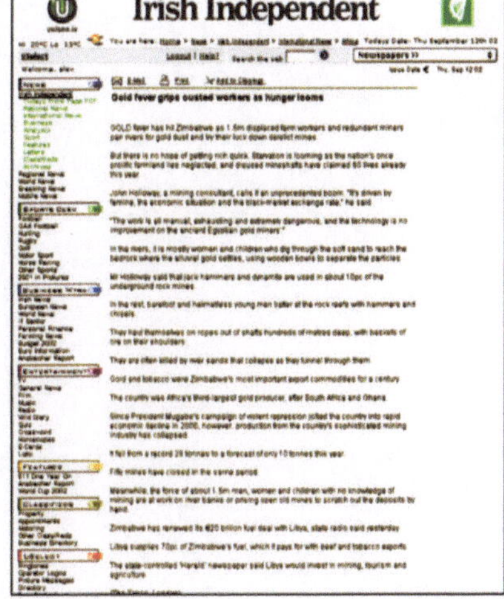

Artikel

The Irish Times

www.ireland.com

Die zweitgrößte irische Tageszeitung mit 105.300 Exemplaren richtet sich an die Bewohner Dublins und Umgebung. Die unabhängige und liberale Zeitung verfügt weltweit über Korrespondenten. Mit dem Online-Auftritt möchte man insbesondere die große Zahl von Iren in den USA erreichen. Der Abruf der Artikel ist zum Teil kostenpflichtig.

sichtbarer Bereich: 600 Pixel

Homepage

Artikel

The Jerusalem Post

www.jpost.com

Die israelische Tageszeitung wurde im Jahr 1932 gegründet. Das unabhängige Qualitätsblatt ist rechtskonservativ und erscheint mit 55.000 Exemplaren. Viele Leser hat die *Jerusalem Post* an die englische Ausgabe von *Ha'Aretz* verloren. Den außergewöhnlich umfangreichen Internet-Auftritt mit der Möglichkeit, personalisierte Dienste in Anspruch zu nehmen, gibt es seit 1995. Der Abruf der Artikel ist zum Teil kostenplichtig.

sichtbarer Bereich: 600 Pixel

Homepage

Ressort-Startseite

Artikel

La Repubblica

www.repubblica.it

Die Zeitung erscheint in einer Auflage von 635.000 Exemplaren. Im Jahr 1975 gegründet, verfügt die zweitgrößte italienische Tageszeitung über Redaktionen in Mailand und Rom. Politisch steht das Blatt in Opposition zu Berlusconi. Im Internet ist es zweifelsfrei die beste News-Site Italiens mit einem reichhaltigen Angebot.

sichtbarer Bereich : 600 Pixel

Homepage

Ressort-Startseite

Artikel

NRC Handelsblad

www.nrc.nl

Die anspruchsvolle und qualitativ hochwertige Tageszeitung Hollands ist aus den zwei traditionsreichen Zeitungen *Algemeen Handelsblad* und *Nieuwe Rotterdamsche Courant* entstanden. Sie erscheint in einer Auflage von 276.000 Exem-plaren. Der Online-Auftritt besteht inhaltlich aus einer Kombination von Artikeln aus der gedruckten Zeitung und einem ausschließlich für das Internet erstellten Angebot, das übersichtlich in einzelne Rubriken aufgeteilt ist.

sichtbarer Bereich : 600 Pixel

Homepage

Ressort-Startseite

Artikel

Nettavisen

www.nettavisen.no

Die vom Lycos-Konzern aufgekaufte norwegische News-Site *Nettavisen* bietet sehr viele verschiedene Channels zur Auswahl. Ähnlich wie bei dem deutschen »Spin-Off« *Netzeitung* ist die linke Navigation sehr schmal gehalten. Ebenso findet man kleine Bild-Text-Teaser im Kopf der Homepage.

Homepage

Ressort-Startseite

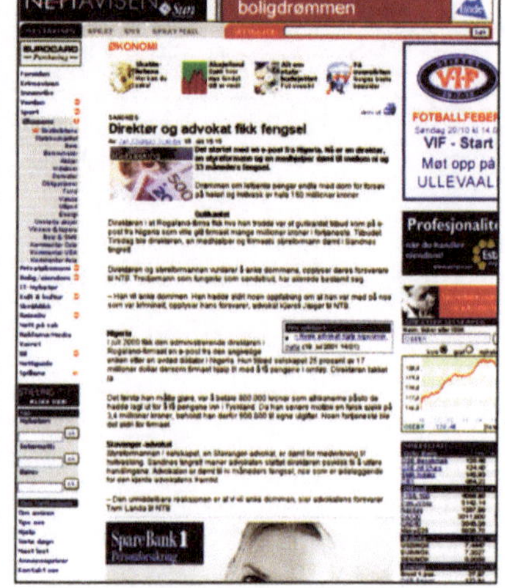

Artikel

Norwegian Broadcasting

www.nrk.no

Diese großzügig gestaltete News-Site bietet einen unterhaltsamen Mix aus Nachrichten, Sport und Kultur. Trotz der Unterteilung in zwei Hauptchannels kann der Nutzer leicht die Orientierung verlieren.

sichtbarer Bereich: 600 Pixel

Homepage

Ressort-Startseite

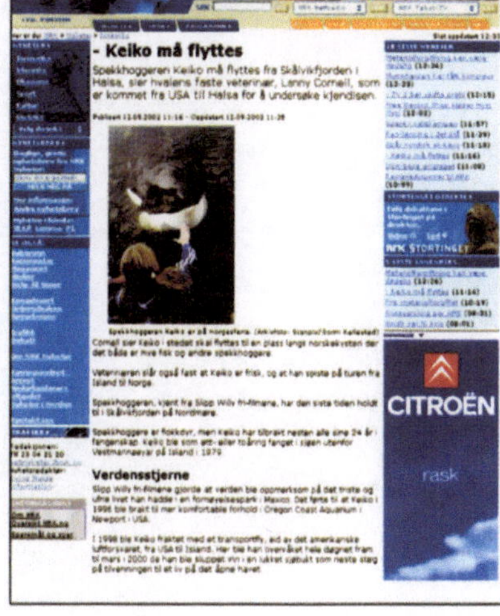

Artikel

Dagens Nyheter

www.dn.se

Die 1864 gegründete Tageszeitung profilierte sich mit der Aufarbeitung der neueren schwedischen Geschichte sowie der Verstrickungen mit den Nazis. Sie erscheint in einer Auflage von 361.000 Exemplaren und wird zu 90 Prozent von Abonnenten gelesen. Online präsentiert sie sich mit einem aufwändigen und umfangreichen Internetauftritt.

sichtbarer Bereich: 600 Pixel

Homepage

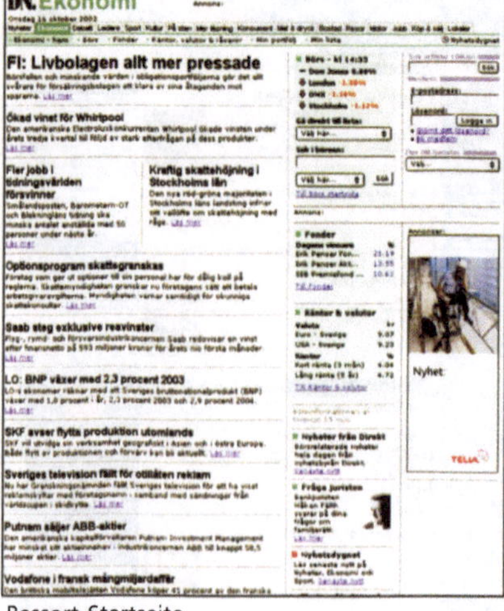

Ressort-Startseite

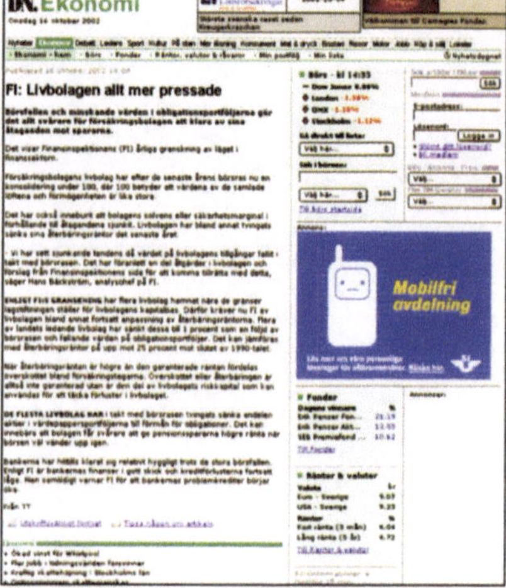

Artikel

Neue Zürcher Zeitung

www.nzz.ch

Die liberal-konservative Tageszeitung erscheint in einer Auflage von 153.000 Exemplaren und wird auch über die Grenzen der Schweiz hinaus gelesen. Im Internet präsentiert sich die NZZ seit Sommer 1997 und profitiert von ihrem Ruf, eine der besten europäischen Tageszeitungen zu sein. In Kooperation mit dem Radiosender *Swiss international* gestaltet die NZZ einen Teil ihres Auftrittes in englischer Sprache: lokale und internationale Nachrichten.

Homepage

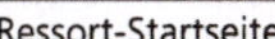

Ressort-Startseite

Artikel

Tages Anzeiger

www.tagesanzeiger.ch

Die größte schweizer Tageszeitung erscheint mit 280.000 Exemplaren. Das unabhängige und qualitativ hochwertige Blatt gilt als äußerst umfassend und informativ. Der Internet-Auftritt ist etwas verwirrend. Auf der Homepage wird nicht gleich klar, was einen bei diesem Angebot erwartet, zu unterschiedlich sind die Rubriken, die in der Navigation angeboten werden.

Homepage

Ressort-Startseite

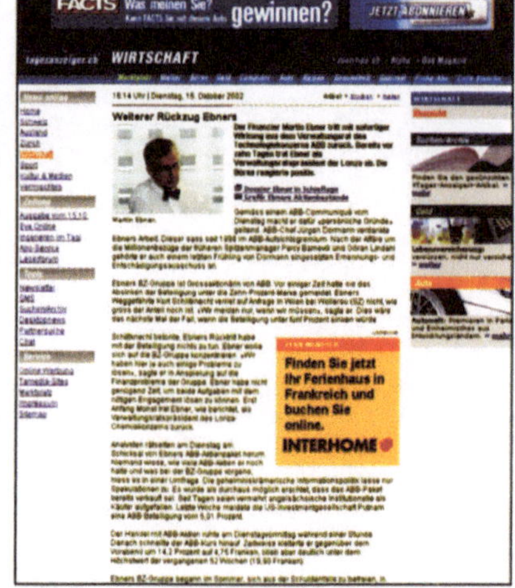

Artikel

El Mundo

www.elmundo.es

Als Konkurrenz zu *El País* im Jahr 1989 gegründet, erscheint *El Mundo* in einer Auflage von 307.000 Exemplaren (436.000 am Sonntag) und ist bekannt für seine eher konservativen Meinungsartikel. Seit 1995 im Internet, wirbt die Site mit dem Titel »Zeitung des 21. Jahrhunderts«. Es stehen alle Artikel aus der gedruckten Zeitung zur Verfügung, das Angebot wird durch tagesaktuelle Nachrichten ergänzt.

sichtbarer Bereich: 600 Pixel

Homepage

Ressort-Startseite

Artikel

El Pais

www.elpais.es

Gegründet 1976 mitten im Demokratisierungsprozess Spaniens, ist *El País* aus Madrid mittlerweile eine der renommiertesten Tageszeitungen der Welt und erscheint in einer Auflage von 440.000 Exemplaren (über 1 Million am Sonntag). Der Inhalt des Internet-Auftritts reicht weit über die Print-Ausgabe hinaus und bietet zahlreiche Diskussionsforen.

Homepage

Ressort-Startseite

Artikel

La Vanguardia

www.lavanguardia.es

Die größte katalanische Tageszeitung gilt als liberal und bürgerlich und erscheint in einer Auflage von 203.000 Exemplaren. Sie wurde im Jahr 1885 durch die Familie Godo gegründet, die noch immer Eigentümerin ist. Vanguardia.es bietet eine der besten Internet-Sites Spaniens mit einem umfangreichen Archiv und kostenlosem Zugang für die ersten drei Monate.

sichtbarer Bereich: 600 Pixel

Homepage

Ressort-Startseite

Artikel

CNN

www.cnn.com

Die News-Site von *CNN* gehört zu den größten Online-Diensten weltweit. 24 Stunden am Tag und sieben Tage die Woche werden Weltnachrichten aktuell verbreitet. CNN-Online profitiert von seinem großen Korrespondentennetz für den Fernsehsender CNN und bietet online zahlreiche Multimedia-Features, von Video-Streaming über Audio-Dateien zu einer Archivsuche für Hintergrundinformationen. Der Blick von CNN ist stets auf die USA gerichtet.

Homepage

Ressort-Startseite

Artikel

Salon

www.salon.com

Das 1995 gegründete Webzine erreicht etwa 450.000 Leser monatlich und richtet sich hauptsächlich an Kultur- und Literaturinteressierte. Das liberale Magazin ist bekannt für seine Kolumnen und wurde als beste Website im Jahr 1996 ausgezeichnet. In den Jahren 1997 und 1998 erhielt das Salonmagazin die Auszeichnung »bestes Online-Magazin« des Jahres und inspirierte mit seiner Gestaltung zahlreiche andere Sites.

sichtbarer Bereich: 600 Pixel

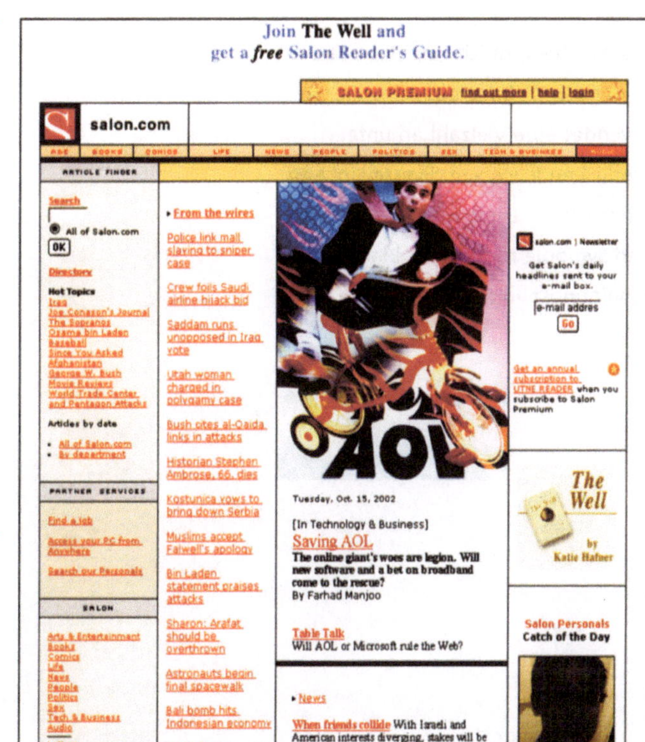

Homepage

Ressort-Startseite

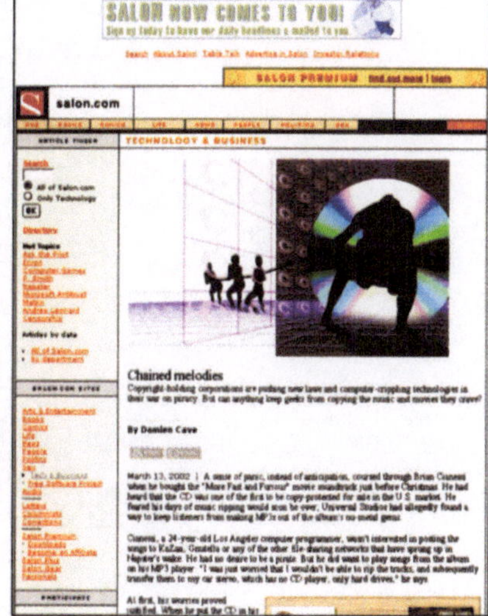

Artikel

Star Tribune

www.startribune.com

Die sehr übersichtlich gestaltete News-Site der *Star Tribune* aus Minneapolis verwendet eine Vielzahl an unterschiedlichen Icons, um diverse Links zu kennzeichnen. Diese corporate-spezifischen Symbole runden das klare Erscheinungsbild ab.

sichtbarer Bereich: 600 Pixel

Homepage

Ressort-Startseite

Artikel

The New York Times

www.nyt.com

Die renommierteste Tageszeitung der USA erscheint mit 1,15 Millionen Exemplaren. Im Jahr 1851 gegründet, zählt sie mit 77 Pulitzerpreisen zu den Referenzprodukten weit über die Grenzen der amerikanischen Presselandschaft hinaus. Mehr als 1000 Journalisten und 29 Auslandsbüros garantieren die Qualität der Zeitung. Seit 1996 erscheint die *New York Times* im Web und überzeugt auch hier mit einer Qualität, wie sie nur wenige bieten. Die Artikel werden durch Verweise zu Quellen und Archivartikeln ergänzt, zahlreiche Foren zu aktuellen Themen angeboten. Das bewusst reduzierte und ausgefeilte Design der Site erleichtert die Orientierung und stellt dennoch ein markantes Corporate Design dar.

Homepage

Ressort-Startseite

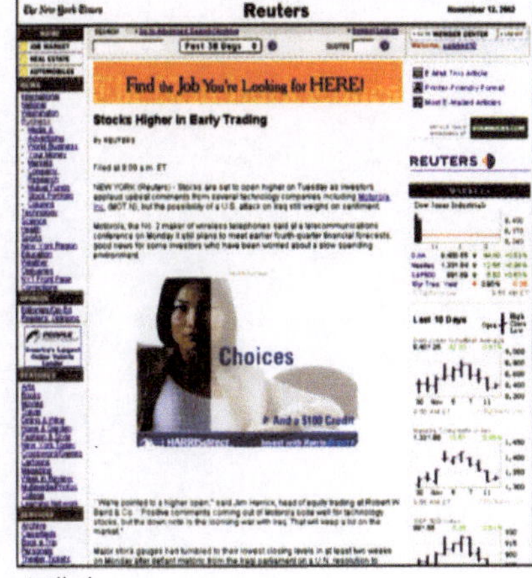

Artikel

The Wall Street Journal

www.wsj.com

Die Zeitung mit einer Auflage von 1,82 Millionen Exemplaren wird in den gesamten USA und weltweit von Wirtschaftsfachleuten gelesen. Neben der Ausgabe für die USA gibt es jeweils eine Ausgabe für Europa (Brüssel) und Asien (Hong Kong). Als eine der wenigen bezahlpflichtigen Online-Sites erfolgreich, bietet wsj.com neben den Artikeln der gedruckten Ausgaben aktuellste Meldungen aus der Welt des Dow Jones.

sichtbarer Bereich: 600 Pixel

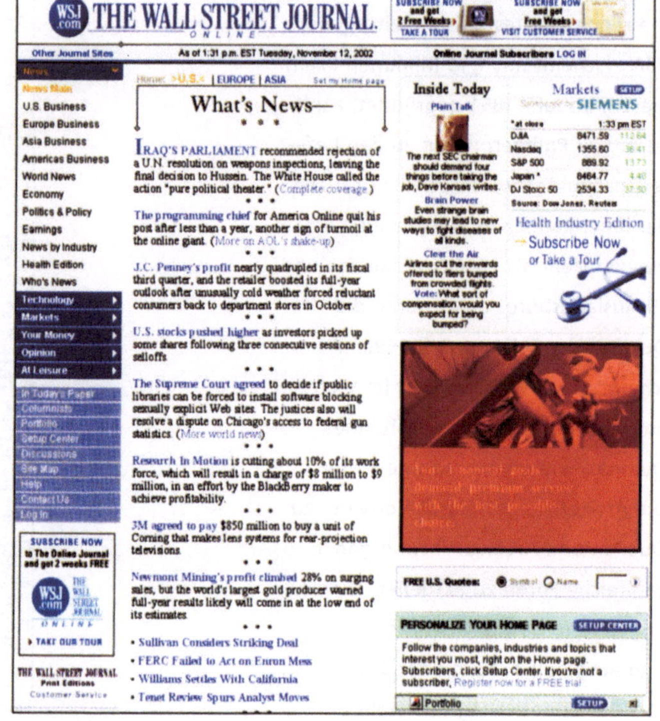

Homepage

USA Today

www.usatoday.com

Seit 1982 auf dem Markt, erscheint die Tageszeitung *USA Today*, die auch als »CNN der Zeitungen« bezeichnet wird, mit 2,5 Millionen Exemplaren. Bereits seit Frühjahr 1995 online, werden minutenaktuelle News neben den Artikeln aus der gedruckten Zeitung angeboten. Der Online-Auftritt bietet ein großes Angebot von Texten, Bildern und Tondokumenten.

sichtbarer Bereich: 600 Pixel

Homepage

Ressort-Startseite

Artikel

The Washington Post

www.washingtonpost.com

Die im Jahr 1877 gegründete Tageszeitung erscheint in einer Auflage von 815.000 Exemplaren und gilt als Sprachrohr der Liberalen an der Ostküste. Internationales Aufsehen erregte die Zeitung mit der Publikmachung der Watergate-Affäre, die zur Absetzung von Präsident Richard Nixon führte. Die kostenlose News-Site verzeichnet über 30 Millionen Pageviews im Monat.

sichtbarer Bereich: 600 Pixel

Homepage

Ressort-Startseite

Artikel

WNBC

www.wnbc.com

Der Online-Auftritt des privaten Fernsehsenders NBC ging im Sommer 1996 ins Netz und ist direkt mit dem lokalen Nachrichtenanbieter MSNBC verlinkt. Neben aktuellen Nachrichten werden auch zahlreiche Tipps für die Nutzung des Internets im Allgemeinen angeboten.

sichtbarer Bereich: 600 Pixel

Homepage

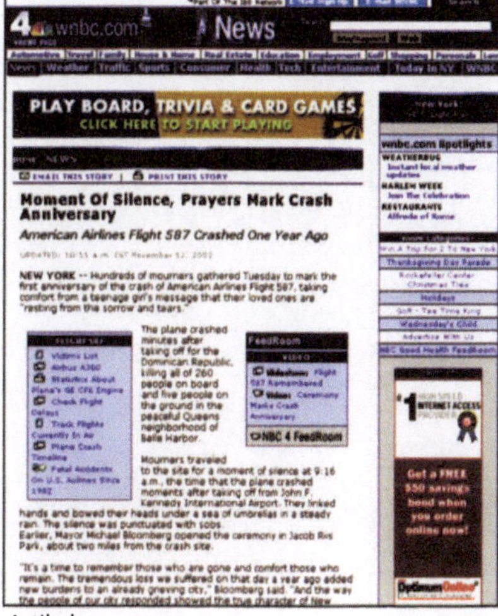

Artikel

Gulf News

www.gulf-news.com

Die private, unabhängige Zeitung in englischer Sprache wird in der gesamten Golfregion gelesen. In einer Auflage von 91.000 Exemplaren erscheint die Tageszeitung aus Dubai mit den Schwerpunkten politische Nachrichten und Kommentare, Wirtschaft, Sport und Lifestyle. Die Online-Ausgabe spiegelt die Inhalte der Print-Zeitung wider.

sichtbarer Bereich: 600 Pixel

Homepage

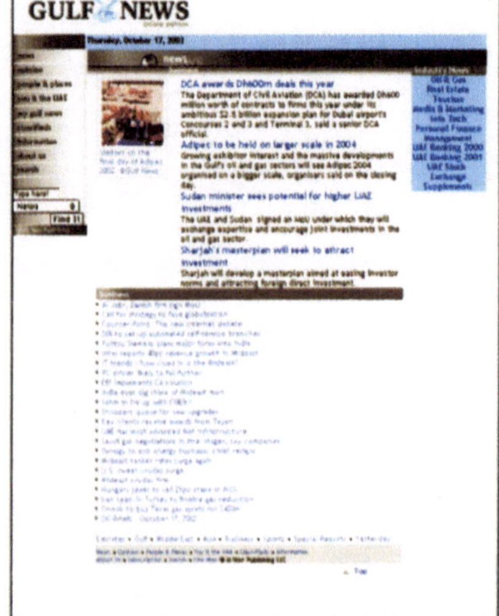

Ressort-Startseite

Artikel

Google News

http://news.google.com

Die Suchmaschine Google präsentiert ein eigenes News-Portal, das ausschließlich von Computern zusammengestellt wird. Auf einer Startseite und sieben Ressort-Übersichtsseiten werden nach Relevanz gewichtete Schlagzeilen angerissen, die automatisch von anderen News-Sites übernommen werden und auch auf diese verlinkt sind. Suchroboter werten weltweit englischsprachige News-Sites aus und nehmen Themen nach den Kriterien Häufigkeit, Umfang und Platzierung der zu einem Ereignis veröffentlichten Beiträge auf. »Ohne Rücksicht auf politischen Standpunkt und Ideoliogie« werden die Nachrichten aufgenommen.

Homepage

Ressort-Startseite

Reuters

www.reuters.com

Die weltgrößte Nachrichten-Agentur für Wirtschaft und Finanzen wurde 1851 in London gegründet und verfügt über etwa 2.500 redaktionelle Mitarbeiter, freie Journalisten, Fotografen und Kameraleute in knapp 200 Büros. Die Verbreitung erreicht 150 Länder. Reuters.com ist eine der meistgelesenen News-Sites, was die weltweite Verbreitung anbelangt.

sichtbarer Bereich: 600 Pixel

Homepage

Ressort-Startseite

Artikel

World News

www.worldnews.com

Eine Sammlung unterschiedlichster Nachrichten aus der ganzen Welt findet man bei worldnews.com. Globale News sind hier mit den Angeboten anderer News-Sites vernetzt. Das unüberschaubare Angebot arbeitet viel mit Bildmaterial und Bildgrößen.

sichtbarer Bereich: 600 Pixel

Homepage

Ressort-Startseite

2

»There is a tsunami of data that is crashing onto the beaches of the civilized world. This is a tidal wave of unrelated, growing data formed in bits and bytes, coming in an unorganized, uncontrolled, incoherent cacophony of foam.«

Richard Saul Wurman

Einführung

News-Sites – Anforderungen und Aufgaben

Unterteilung von News-Sites in zwei Kategorien:

1 **News-Sites mit**
A. Print-Pendant
B. TV-Pendant

2 **News-Sites ohne Pendant**

Aufgrund ihrer verzweigten Struktur sind Netze zunächst hierarchiefrei. Aus diesen Point-to-Point Systemen* ergibt sich das Problem, welches jede komplexe Website lösen muss. Dem Benutzer müssen die Hierarchien der Site visuell vermittelt werden. Für News-Sites ist dies zusätzlich schwer, da hier ständig neue Inhalte hinzukommen. Die gesamte Struktur wächst beständig.

In diesem Buch werden hauptsächlich News-Sites der Kategorien 1A und 2 behandelt.

News-Sites mit TV-Pendant unterscheiden sich von News-Sites mit Print-Pendant in der Regel dadurch, dass nicht überwiegend identische Inhalte wie im Muttermedium angeboten werden können. Zu geringe Bandbreiten und zu hohe Downloadzeiten von Video- und Audiodateien behindern die schnelle Aufnahme dieser Informationen übers Internet. Das Verhältnis von Wartezeit und Informationsgehalt steht derzeit noch in keiner sinnvollen Relation zueinander. Daher beschränken sich die TV-Sites überwiegend auf textliche Nachrichten und weisen ergänzend auf aktuelle oder kommende Sendungen hin.

Eine News-Site mit Print-Pendant hat in erster Linie dieselben Aufgaben wie ihr Muttermedium – die Verbreitung aktueller Nachrichten und Informationen.

Hauptunterscheidungsmerkmal zum Print ist die Möglichkeit der permanenten Aktualisierung, am ehesten vergleichbar mit den Nachrichten im Hörfunk.

Ungeklärt ist bislang noch die dauerhafte Finanzierung von Online-News-Auftritten. Während eine gedruckte Zeitung sich in erster Linie durch den Verkauf von Anzeigen finanziert, befinden sich die Finanzierungswege für News-Sites noch in der Pionierphase.

Bei einer gedruckten Zeitung wird versucht, durch eine bestimmte Art der Aufbereitung von Nachrichten und guten Serviceteilen, Leser an sich zu binden. Eine größtmögliche Auflage und ein klar definiertes Verbreitungsgebiet einer Zeitung garantieren auch profitable Anzeigenpreise.

*[1] Klein, Michael

Leserbindung steht auch bei News-Sites an erster Stelle. Besonders in der derzeitgen Phase der Bereinigung des Marktes ist es wichtig, eine Marke aus den klassischen Medien aufs Internet zu übertragen oder neu zu etablieren. Welche Dienstleistung kann eine News-Site zusätzlich zu ihrem umfassenden Nachrichtenangebot anbieten, um Leser an sich zu binden? Wie müssen Informationen aufbereitet sein, damit eine News-Site erfolgreich ist? Bisherige Erfahrungen in Usability und Interfacedesign lassen keinen Zweifel daran, dass für den Erfolg im Internet die Qualität der Benutzeroberfläche entscheidend ist. Um den leichten und einfachen Zugang zu den Informationen zu gewährleisten, sind Übersichtlichkeit, klare Hierarchien und eine intuitive Navigation von größter Bedeutung.

Um die Inhalte einer News-Site übersichtlich gestalten zu können, müssen diese in kleine Informationspakete aufgeteilt werden. Diese Kommunikationseinheiten (Module) können wiederum aus sehr unterschiedlichen Inhalten bestehen und sich auch in Bedienung und Funktionalität unterscheiden.

Die Aufgabe des News-Site-Designers ist es, neben der Strukturierung der Inhalte, diese in einzelne Module zu verpacken. Um den Leser optimal an die Marke zu binden, müssen diese Module darüber hinaus allesamt das Corporate Design der News-Site kommunizieren.

Die Einteilung der Inhalte in drei Kategorien erscheint sinnvoll.

1	Navigation
	Primär-Navigation
	Suche
	Sitemap

2	Push-Content
	Topthema
	+ assoziative Links
	Ressortartikelanrisse
	+ assoziative Links
	Content-Werbung

3	Pull-Content
	Anzeigenmärkte
	Veranstaltungskalender
	Suche

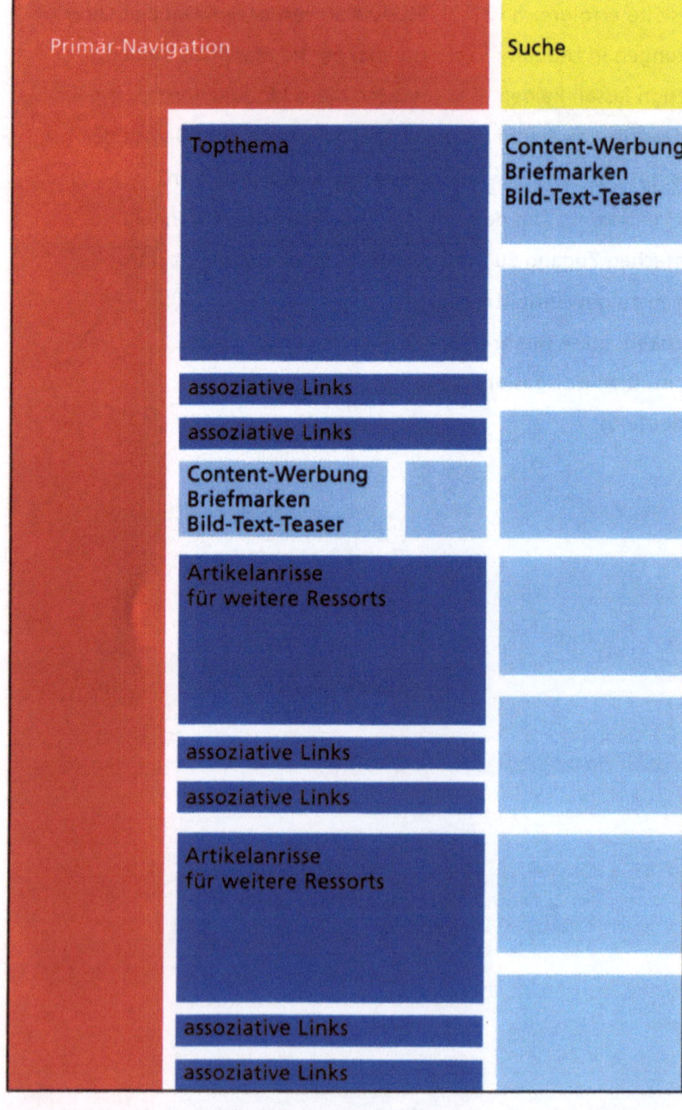

News-Site Abb. 68

Schematische Darstellung einer News-Site mit Platzierungsmöglichkeiten der einzelnen Module.

Die Anforderungen an den News-Site-Designer unterscheiden sich wegen der Fülle und Komplexität der darzustellenden Informationen von den Anforderungen, die an Screendesigner bei der Gestaltung von Business-Websites gestellt werden.

News-Designer müssen aus komplizierten Strukturen eine schlüssige Informationsarchitektur entwickeln. Die Verbindung unterschiedlichster Informationen auf engstem Raum erfordert eine ganzheitliche Lösung unter Berücksichtigung von Corporate Design, Navigation und inhaltlichem Konzept.

Aktuelle Meldungen in Verbindung mit Fotos und Kurzmeldungen aus unterschiedlichen Ressorts wie Politik, Wirtschaft, Sport, Unterhaltung, Kultur, Computer, Wetter, Börse etc. sollen auf einer einzigen Homepage angepriesen werden. Diese Inhalte können auf unterschiedlichste Arten aufbereitet werden. Jede Site bietet daher verschiedene Funktionen und technische Features an, auf die sich der User jeweils neu einstellen muss.

Zusammenfassung der Anforderungen

---

1 Corporate Design

Visuelle Einheit unterschiedlicher Themenkomplexe.
Etablierung einer News-Marke.

---

2 Navigation

Kommunikation der Sitestruktur.
Intuitive Bedienung.
Leichtes Auffinden der Inhalte.

---

3 Inhalt

Unterteilung der Inhalte in Themengruppen muss visuell kommuniziert werden.

Zielgruppe

News-Sites richten sich an eine ähnlich breite Zielgruppe wie Tageszeitungen. Die Wahrscheinlichkeit, dass dieselben User dieselbe News-Site wiederholt besuchen, ist höher als bei Corporate-Websites, denn die ständige Änderung der Nachrichtenlage verlangt regelmäßige Besuche. Zudem kann man trotz der relativ unklaren und breiten Zielgruppe davon ausgehen, dass viele Nutzer von News-Sites vom Büro aus die Angebote ansurfen. Nutzungsrückgänge an Wochenenden von mindestens 20 Prozent deuten darauf hin [2].

Wir gehen davon aus, dass News-Site-Nutzer in der Regel mit der Bedienung grafischer Benutzeroberflächen vertraut sind und auch technisch so ausgestattet sind, dass sie im Durchschnitt über einen 17-Zoll-Monitor verfügen. Zudem erreichen die Online-Ausgaben von Print-Produkten ein Publikum, das rund zehn Jahre jünger ist als die Leser der gedruckten Version. Dem potentiellen News-Site-Nutzer wird in diesem Buch demzufolge mehr technisches Verständnis und Routine im Umgang mit dem Internet zugetraut als dem Nutzer einer Corporate-Website.

Obwohl nicht mit Bestimmtheit gesagt werden kann, was den jeweiligen Leser auf einer News-Site interessiert, kann man annehmen, dass eine größere Bereitschaft zum Herumstöbern existiert als dies bei Besuchern von Unternehmens-Websites der Fall ist.

Studien über Internet-Surfer haben ergeben, dass sich Nutzer von Online-Zeitungen zunächst über die überregionale Nachrichtenlage informieren möchten [3]. Dabei würden vor allem Kurzberichte und Überschriften gelesen. Einer Umfrage der Industrievereinigung »Arbeitsgemeinschaft Internetforschung« zufolge lesen 18,8 Prozent der Internet-Nutzer häufig Nachrichten zum Weltgeschehen, lediglich acht Prozent seien an regionalen News interessiert. Die Gesamtzahl der User jedoch, die Internet-Angebote mit Nachrichten überhaupt aufsuchen, wurde bei einer Umfrage der Comcult GmbH im Jahr 2000 mit mehr als 80 Prozent angegeben. 81,7 Prozent der User gaben an, »sehr häufig« oder »häufig« News-Sites aufzusuchen.

News-Sites im Vergleich mit anderen kommerziellen Websites

Von sogenannten Portalen einmal abgesehen, lassen sich kommerzielle Websites generell in drei Kategorien einteilen:
1. Corporate Websites – ganz gleich welches spezielle Ziel sie verfolgen,
2. E-Commerce-Websites und
3. News-Sites

Sind Corporate Websites in erster Linie dazu da, Firmeninformationen und -image zu verbreiten, wollen E-Commerce-Websites Produkte oder Dienstleistungen verkaufen. Oft besitzt ein und dasselbe Unternehmen neben seiner E-Commerce-Website auch eine Corporate Website. Vergleicht man News-Sites mit Sites aus den beiden anderen Kategorien (Corporate und E-Commerce), so fällt auf, dass Websites aus der Kategorie E-Commerce ähnliche Merkmale und Features aufweisen wie News-Sites.

Sollen auf einer Internet-Site Waren oder Dienstleistungen verkauft werden, so wird versucht, den Benutzer möglichst lange auf der Website zu halten, um ihm möglichst viele interessante Produkte anzubieten.

Natürlich sollte der Benutzer nicht um jeden Preis lange auf der Website verweilen: Ist das Angebot so unübersichtlich gegliedert, dass er nicht schnell findet, was er sucht, so ist der Mitbewerber nur einen Mausklick entfernt.

Um zu wissen, was der jeweilige Benutzer interessant finden könnte, hat beispielsweise der Buch- und Unterhaltungsmedienshop Amazon jedem Artikel diejenigen zugeordnet, die entweder dasselbe Thema behandeln oder von denselben Käufern erworben wurden. Dies ist eine gute Möglichkeit, ganz ohne personenbezogene Daten den Benutzer trotzdem »persönlich« bedienen zu können. Außerdem wird dem Benutzer bei Amazon natürlich angeboten, sich registrieren zu lassen: So bekommt er beim nächsten Besuch nahezu seine eigene Startseite. Ähnliche Artikel wie die beim letzten Besuch gekauften werden auf dem Bildschirm angezeigt. Diese Funktion gehört schon beinahe zum Standard-Angebot guter Websites. Lässt der Verkäufer die erworbenen Produkte vom Käufer bewerten, dient ihm dies zur kostenlosen Maktforschung.

All diese Funktionen sind auch bei diversen News-Sites zu finden. Die Ware ist hier die Nachricht. Viele Methoden und Hilfestellungen, die dem User zur einfacheren Orientierung, zum Abnehmen von Entscheidungen und zum Kauf an die Hand gegeben werden, sind mit denen einer E-Commerce Website zu vergleichen.

News-Sites können mancherlei Funktionen von E-Commerce-Sites übernehmen und relativ einfach auf ihr Angebot übertragen.

faz.net oder netzeitung.de bieten beispielsweise das Zusammenstellen einer persönlichen Homepage an. Neben dieser »aktiven« Personalisierung ist auch eine »automatische« vorstellbar:

Beim wiederholten Besuch der News-Site werden dem Benutzer Inhalte angeboten, die aus den gleichen Themengebieten stammen wie die beim vorherigen Besuch gelesenen. Oder es werden Artikel angeboten, die auf andere Weise mit den bereits gelesenen in Zusammenhang stehen – beispielsweise Hintergrund-Information zu einem beim letzten Besuch gelesenen Artikel aus dem Bereich »Neuigkeiten«. Eine automatische Personalisierung kann dem Nutzer also schnelleren Zugriff auf für ihn »wahrscheinlich relevante Information« bieten. Allerdings empfindet ein kritischer Benutzer eine solche »Filterung« eventuell als entmündigend. Eine entsprechende Benutzerinformation ist also unbedingt anzuraten. Auf jeden Fall aber bereichert eine Möglichkeit der Personalisierung – ob aktiv oder automatisch – das Dienstleistungs-Angebot einer News-Site und kann einen Wettbewerbs-Vorteil gegenüber anderen News-Angeboten darstellen. Des Weiteren hat dieses Verfahren zumindest theoretisch den Vorteil, den Leser und seine Bedürfnisse besser zu kennen (ohne dass dieses Wissen personenbezogen sein muss).

www.faz.net Abb. 72

Die Verknüpfung von personalisierter Homepage, Bezahl-Content und besonderen Service-Angeboten erscheint sinnvoll.

Das kann bei der Einführung neuer Funktionen sehr hilfreich sein. Natürlich kann auch die Anzeigenschaltung davon profitieren.

Bei der aktiven Personalisierung, bei der ein Nutzer sich für ihn interessante Ressorts als Startseite zusammenstellt, besteht die Gefahr, dass wichtige Themen vom Nutzer komplett übersehen werden.

Auch wenn mancher Zeitungsleser sich ausschließlich für den Sportteil interessiert, so dürfte ihm nicht die Schlagzeile auf der ersten Seite entgehen. Fraglich ist demnach, ob eine personalisierte Sparten-News-Site im Sinne der Publizisten sein kann.

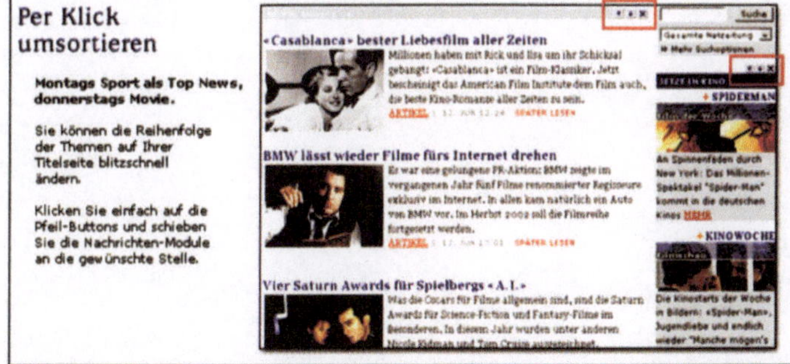

Verpassen Sie nichts

Der Nachrichten-Agent beobachtet Ihre Themen.

Tragen Sie Ihre Themen ein und lassen Sie den Agenten die Netzeitung überwachen.

So entgeht Ihnen keine Meldung zu einem Thema.

Überblick: Nachrichten-Agent

Agent für **hed**

Diese Themen werden für Sie beobachtet:

Löschen?

Kirch (eines der Wörter, gesamte Netzeitung)
Kylie Minogue (alle Wörter, gesamte Netzeitung)
Michael Schumacher (alle Wörter, SPORT)
Tauschbörse (eines der Wörter, INTERNET)
Walser (eines der Wörter, gesamte Netzeitung)

Markierte löschen >

+ Thema hinzufügen

www.netzeitung.de Abb. 73

Da bei einer News-Site der Inhalt die Ware ist, wird zunehmend versucht, diese in Kombination mit zusätzlichen Dienstleistungen zu verkaufen.

3

»In puncto Qualität befinden wir uns noch in der Computersteinzeit. Qualität war bislang gleichbedeutend mit Schnelligkeit. Dass die Qualität aber woanders liegt, stellt sich erst jetzt mehr und mehr heraus.«

Peter Glaser

Gestaltung

Corporate Design

News-Sites werden meist von Redakteuren, Technikern und Designern betreut, die bislang in den klassischen Medien tätig waren. Zeitungsverlage und Journalisten, die bisher ihren Erfolg anhand der verkauften Zeitungsexemplare und Stellenanzeigen messen konnten, sehen sich mit einer globalen, zumindest aber nationalen Konkurrenz an Nachrichtenanbietern konfrontiert. Hatte ein Leser eine Zeitung erworben, spielte es keine Rolle, ob er nur die Titelseite oder die gesamte Zeitung las. Der Online-Nutzer ruft im Durchschnitt pro Internetsitzung sechs verschiedene Internet-Angebote auf. Eine News-Site muss also mit mindestens fünf anderen Websites konkurrieren.

Marke und Corporate Design einer Tageszeitung müssen im Internet mit starken Online-Marken wie Web.de, Yahoo oder Google konkurrieren. Zusätzlich erschwert wird dies dadurch, dass die Mehrzahl dieser Marken auch News anbieten. Wenn die News-Site einer Tageszeitung es versäumt, das Thema News und ihre journalistische Kompetenz zu kommunizieren, wird sie auf Dauer ihre Benutzer an die großen Konkurrenten verlieren. Der internationale Vergleich ist nur einen Klick entfernt. Die Qualität des Corporate Design wird maßgeblich dazu beitragen, für welches Online-Angebot sich ein User entscheidet oder darüber hinaus sogar bereit ist, Geld zu zahlen. Ein Erscheinungsbild, das Informationskompetenz vermittelt, kann zum Überlebensfaktor einer News-Site werden.

Das Erscheinungsbild einer News-Site wird in erster Linie über die Website kommuniziert. Werbung in anderen Medien ist eher selten. Informationen, Nachrichten und Inhalte sollen hier also nicht nur akkurat und aktuell sein, sie sollen auch ein »unverwechselbares Gesicht« bekommen, das den Benutzer angenehm überrascht und gerne wiederkommen lässt. Er wird – ob bewusst oder unbewusst – den grafischen Stil einer News-Site mit den Inhalten verknüpfen: Unklare Farb- und Formensprache (und eine daraus resultierende unklare Benutzerführung) sowie ein uneinheitliches Corporate Design können dazu führen, dass der Benutzer gegenüber dem Content misstrauisch wird. Ein unstimmiges Erscheinungsbild könnte für unseriös gehalten werden, Inhalte werden möglicherweise erst gar nicht gelesen.

Da aber Werte wie Seriosität, Aktualität und Kompetenz das notwendige Fundament für den Aufbau einer Vertrauensverbindung zu einer Redaktion sind, lässt sich behaupten, dass ein in dieser vielschichtigen Weise stimmiges Corporate Design wesentlich zu einer erfolgreichen Leserbindung beiträgt. Bereits etablierten Marken wie *FAZ*, *Süddeutsche Zeitung* oder *Der Spiegel* wird der Online-Leser sicherlich einen »Vertrauensvorschuss« entgegenbringen. Wird dieser allerdings durch ein falsches oder fehlendes Corporate Design enttäuscht, wird schnell anderenorts nach »vertrauenswürdigen« Informationen gesucht.

Search [ ] Past 30 Days
Go to Advanced Search

Aides Urge Bush to Withhold Sale of Ship Radar to Taiwan

By DAVID E. SANGER and ERIC SCHMITT
FROM WEDNESDAY'S TIMES
National security aides have advised President Bush to sell a wide range of advanced weapons to Taiwan, but not destroyers equipped with a complex radar system. Go to Article
- Military Analysis: Taiwan's Guppy-Size Force
- Negotiators Prepare for Beijing Talks

www.nyt.com Abb. 78

Typografie als Schriftgrafik trägt zwar entscheidend dazu bei, das Erscheinungsbild gegen andere News-Sites abzugrenzen, erhöht aber auch die Downloadzeit einer HTML-Seite. (Stand 04/2001)

Bei News-Sites können wir zwischen zwei Modellen unterscheiden: Denjenigen, deren Marke aus dem Printmedium ins Internet übertragen werden, und denen, die keine Marke oder kein Muttermedium im Printbereich haben. Letztere werden wegen ihrer Seltenheit nur wenig in diesem Buch erwähnt.

News-Sites mit Pendant

Mindestens Signet und Farbe werden als Bestandteile des Corporate Designs ins Netz übertragen, Schriftarten nur mit Einschränkung (s. a. »Typografie« Seite 112) . Da die Inhalte ständig aktualisiert werden, ist eine Verwendung von Schriftgrafiken als Headlinefont sehr aufwändig (Abb. 78). Die Zahl der Onlinenutzer, die ausschließlich von zu Hause aufs Internet zugreift, stieg 2002 in Deutschland auf 50 Prozent. 1997 waren es nur 27 Prozent [2]. Da die technische Ausrüstung und die Qualität der Anbindung ans Internet bei den meisten privaten Nutzern nicht genauso gut sind wie die am Arbeitsplatz, achten Privatnutzer nach wie vor auf kurze Downloadzeiten. Die Qualität und Aktualität der Informationen ist für den User zunächst wichtiger als eine schöne, geglättete Überschrift und ein großes Logo.

Die Bildzeitung (bild.de, Abb. 79a) scheint dies wenig zu kümmern, und sie scheut weder Kosten noch Mühen, um ihre Site mit Schriftgrafiken in großer Zahl zu bestücken.

Die Modifikation und Weiterentwicklung des Corporate Designs einer Tageszeitung oder eines Print-Magazins für das Internet stellt für den Designer eine Gratwanderung dar. Einerseits muss die Verbindung zum Printprodukt deutlich werden, andererseits muss das News-Angebot im Internet eine modernere Ästhetik besitzen und die Vernetzung der Inhalte optimal kommunizieren. Damit eine Nachrichten-Site für den Nutzer interessant ist, muss sie in hohem Maße auf die Bedien- und Lesesituation des Benutzers eingehen. Neben der Entwicklung eines typischen Systems von Icons muss das CD einheitlich genug sein, um beispielsweise aufspringende Browserfenster eindeutig als redaktionelle Inhalte kenntlich zu machen (Abb. 79b + c). Andernfalls kann davon ausgegangen werden, dass sie als Werbung missverstanden werden und bevor sich der Inhalt überhaupt komplett aufgebaut hat, sofort »weggeklickt« werden.

www.bild.de Abb. 79a

Eine Ästhetik, die online identisch mit der des gedruckten Mediums ist, hilft, die Marke *Bild* optimal im Internet zu positionieren. Unabdingbar ist hierfür trotz der größeren Downloadzeit der Einsatz derselben Typografie.

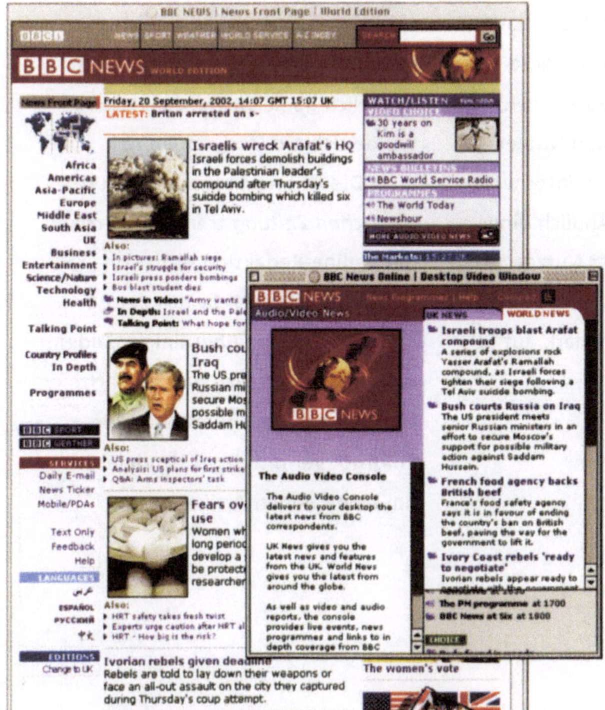

bbcnews.co.uk

Abb. 79b

Der Satellit mit den Audio- und Video-News stellt fast eine Micro-Site im Angebot dar. Die Gestaltung ist optimal an das Hauptfenster angepasst.

Abb. 79c

Besonders interessant ist die individuelle Verstellmöglichkeit der Fenstergröße von »standard« zu »compact«.

Dass es sich bei einem Online-Angebot um ein Produkt aus demselben Hause handelt wie die vertraute Tageszeitung, muss der potentiellen Zielgruppe vermittelt werden.

Vertrauen spielt im Internet beim Konsum von Informationen eine große Rolle. Der große Vorteil des neuen Mediums, dass wirklich jede Privatperson seine Inhalte präsentieren kann, ist zugleich auch ein Nachteil. Die Anknüpfung an die Marken bekannter Printprodukte ist für Online-Redaktionen also durchaus ein willkommener Vertrauensvorsprung gegenüber unabhängigen, reinen Internetangeboten, die sich erst noch etablieren müssen.
Hat ein Angebot mit seiner Marke das Vertrauen der Benutzer erlangt, ist die Wahrscheinlichkeit, diese auf Dauer an sich binden zu können, sehr hoch, da die meisten Nutzer gezielt ihre bevorzugten Internetangebote ansteuern. Ähnlich einer Routine geben 86% der Nutzer gezielt eine Adresse ein oder rufen diese durch einen Bookmark auf [2].

Die Übertragung der Inhalte aus dem Print für das Web hat gestalterisch eine große Auswirkung auf den Aufbau der Site. Wurden zu Beginn des World Wide Web häufig lediglich die gedruckten Texte in HTML-Text in das Onlineangebot übertragen, werden inzwischen bei den meisten Online-Redaktionen auch permanent aktuelle News angeboten. Diese müssen als solche gekennzeichnet sein und besitzen eine andere Funktion und Aktualität als die Meldungen des Printmediums vom Vortag. Die Vermischung der Bereiche Online-News und Print-Artikel kann den User verwirren. Dadurch, dass die Inhalte in der Regel von unterschiedlichen Redaktionen geliefert werden, sollte die Herkunft eines Artikels zumindest kenntlich gemacht werden. Hierfür würde sich ein Icon anbieten.

Die Online-Ausgabe der *Süddeutschen Zeitung* trennt die Artikel der Online-Redaktion nicht von denen, die sie selektiv aus der gedruckten Zeitung übernimmt. Zudem werden gelegentlich nachträglich Überschriften geändert, was den Eindruck vermittelt, es handele sich um einen neuen Artikel.

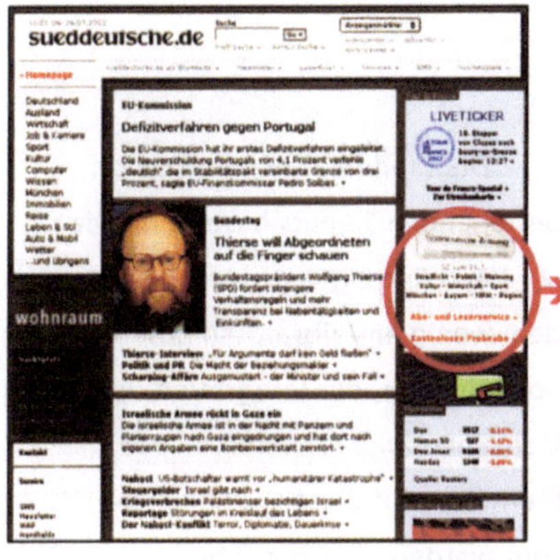

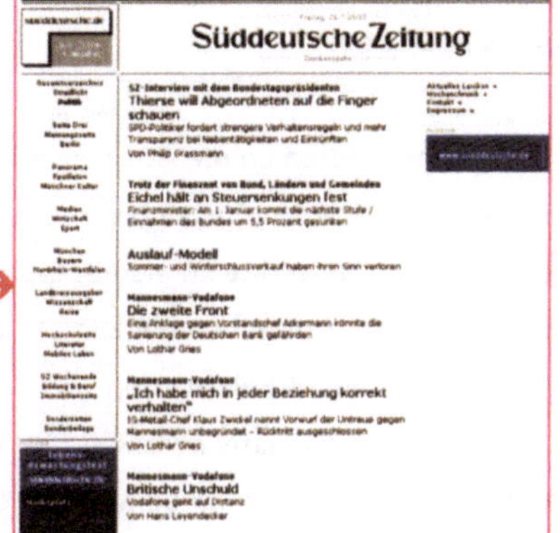

www.sueddeutsche.de

Abb. 81a

Auf die zum Zeitpunkt der Entstehung dieses Buches noch online kostenlos angebotenen Inhalte der gedruckten Zeitung wird oftmals mit einem Bild der gedruckten Ausgabe hingewiesen. Der sogenante Packshot bildet den stärksten möglichen Kontrast zum Internetangebot.

www.faz.net, www.faz.de

Abb. 81b

Zusätzlich zu einem eigenständigen Design trennt man bei der *Frankfurter Allgemeinen Zeitung* Print- von Online-Inhalten durch eine extra Domain www.faz.de. Aus Kostengründen sollen aber beide Auftritte wieder zusammengelegt werden.

www.nzz.ch Abb. 81c

Bei allen drei News-Sites dient das Logo der gedruckten Zeitung als Schlüsselbild für die Inhalte der gedruckten Zeitung.

Signets und Logos

Designer sollten an die Aufgabe, ein modifiziertes Corporate Design für eine News-Site zu erstellen, das aus einem bestehenden Erscheinungsbild entwickelt werden muss, offensiv und kreativ herangehen. Diese Herausforderung beinhaltet, ein bestehendes Signet den neuen Anforderungen anzupassen. Gegebenenfalls kann das Logo nicht nur modifiziert werden, sondern muss neu geschaffen werden. Im Prinzip entsteht bei diesem Vorgang eine zusätzliche Marke, die sich aus einer alten entwickelt und darüber hinaus von den Werten des Muttermediums profitieren kann. Da die Zielgruppe des neuen Mediums klar unter dem Altersdurchschnitt des Printmediums liegt, bietet eine Modifikation des Signets die Möglichkeit, dieses zu verjüngen und eine ganz neue Zielgruppe anzusprechen. Dafür spricht auch, dass die Anteile der Onlinenutzer in der Gruppe der 20 bis 29jährigen im Jahr 2002 bei 80,3 Prozent lag – knapp gefolgt von der Gruppe der 14-19jährigen mit 76,9 Prozent [2].

Die Modifikation eines schon bestehenden Signets besteht bei vielen News-Sites in erster Linie aus dem wenig einfallsreichen Zusatz »online« oder der Integration der Domainendung (z.B. Bild.de oder Stern.de). Auf diese Weise soll betont werden, dass der Internet-Nutzer hier zusätzlich zu den Inhalten seiner Tages- oder Wochenzeitung weitere und in der Regel auch aktuellere News bekommt. Nur wenige Online-Ausgaben wie die der Wochenzeitung *Die Zeit* bieten keine weiteren, aktuelleren Artikel an, aber zusätzlichen Service.

TIMES ONLINE

The New York Times
ON THE WEB

STUTTGARTER
ZEITUNG
online

NZZ Online

Wortmarken mit dem Zusatz Online oder der Domain-Endung

In beiden Fällen wird kommuniziert, dass auf diesen News-Sites zusätzlicher Inhalt zum regulären Printprodukt geboten wird. Die Nähe zum klassischen Produkt ist gewollt.

FAZ.NET

Economist.com

TIME.com

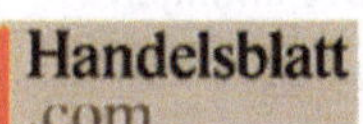

Le Monde.fr

sueddeutsche.de

telegraph.co.uk

RP ONLINE

Neue Wortmarke

Neues Produkt, neue Wortmarke. Manche Dienste sind selbstbewusst genug, eine komplett neue Wortmarke zu entwerfen.

Wortspiel

»La Nacion Line« entsteht aus »La Nacion« und »online«. Dies erschwert die Einprägsamkeit ebenso wie die schwer zu merkende Domain www.lanacion.com.ar.

GuardianUnlimited

Fusion

Werden mehrere Untermarken zusammengefasst, entsteht auch eine neue Marke, die als Dachmarke funktionieren muss.

Style Map

Auf den folgenden Seiten zeigen wir grafische Elemente verschiedener News-Sites, die aus dem Umfeld der Site herausgelöst sind. Ohne die zwingende Anordnung auf einer HTML-Seite und dem Eliminieren der Artikel und der Werbung ergibt sich so ein Überblick der grafischen Elemente. Durch die direkte Gegenüberstellung der das Corporate Design kommunizierenden grafischen Elemente (Content-Teaser, Rubrikenüberschriften, Icons, strukturierende Elemente) werden die Beziehungen und Übereinstimmungen eines Corporate Designs sichtbar.

Bei unseren Anfragen bei News-Site Designern nach Styleguides stellte sich heraus, dass kaum eine News-Redaktion einen solchen besitzt. Zwar ist das Design in der Regel durch das Content Management System festgelegt, grafische Änderungen und ihre Auswirkungen, die bei der Einführung neuer Rubriken, Unterrubriken oder Spezialbereiche notwendig sind, werden hierbei aber nicht berücksichtigt. Diese lassen sich mithilfe der »Style-Map« leichter abschätzen. Anregungen und Einwände des Designers sind mithilfe einer »Style-Map« den Redakteuren und Technikern besser verständlich zu machen.

The New York Times
ON THE WEB

The New York Times
ON THE WEB

National
The New York Times

International
The New York Times

Anatomy
Weddings
Children

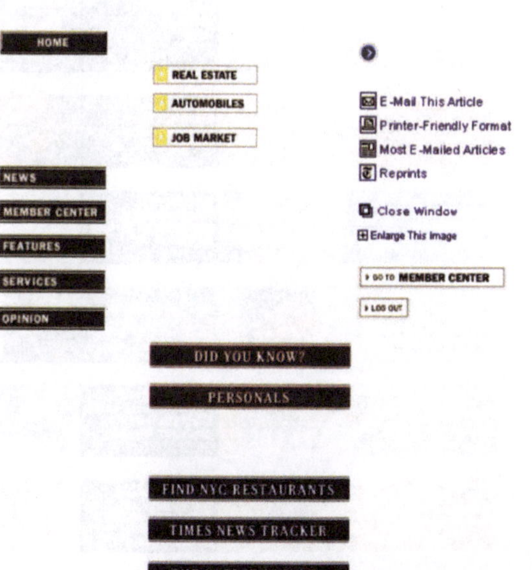

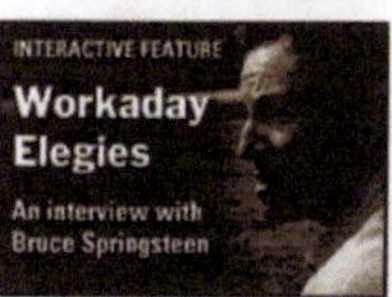

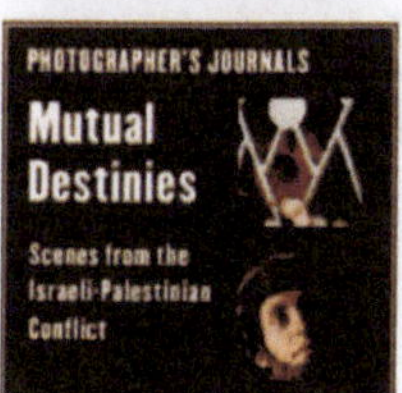

TIMES NEWS TRACKER

Topics	Alerts
New York City	Create
Bloomberg, Michael R	Create
Board of Education	Create
Education and Schools	Create

Create Your Own | Manage Alerts
Take a Tour

Sign Up for Newsletters

MARKETS

Meet the Flavors of the Month

Bulked-Up Bottled Water

Remembering Flight 90

Education Life

GuardianUnlimited network

politics

Home | Archive search | Arts | Books | Business | Education | Film | Football | Jobs | Media
Money | Observer | Politics | Shopping | Society | Sport | Talk | Travel | UK news | World news

Home | News | Reviews | Critics | Pick of the week | Help
Film | Books | Friday Review | Regulars | Special reports | Edinburgh

Home | Guardian Review | By genre | Reviews | Top 10s | Authors | Games | Search
News | First chapters | LRB essay | Links | Shop | Talk | Bestsellers | Help

Home | Football | Cricket | Rugby | Formula one | Golf | Tennis
More sports | Quiz | Columnists | Sports kit | Talk | Games | Help

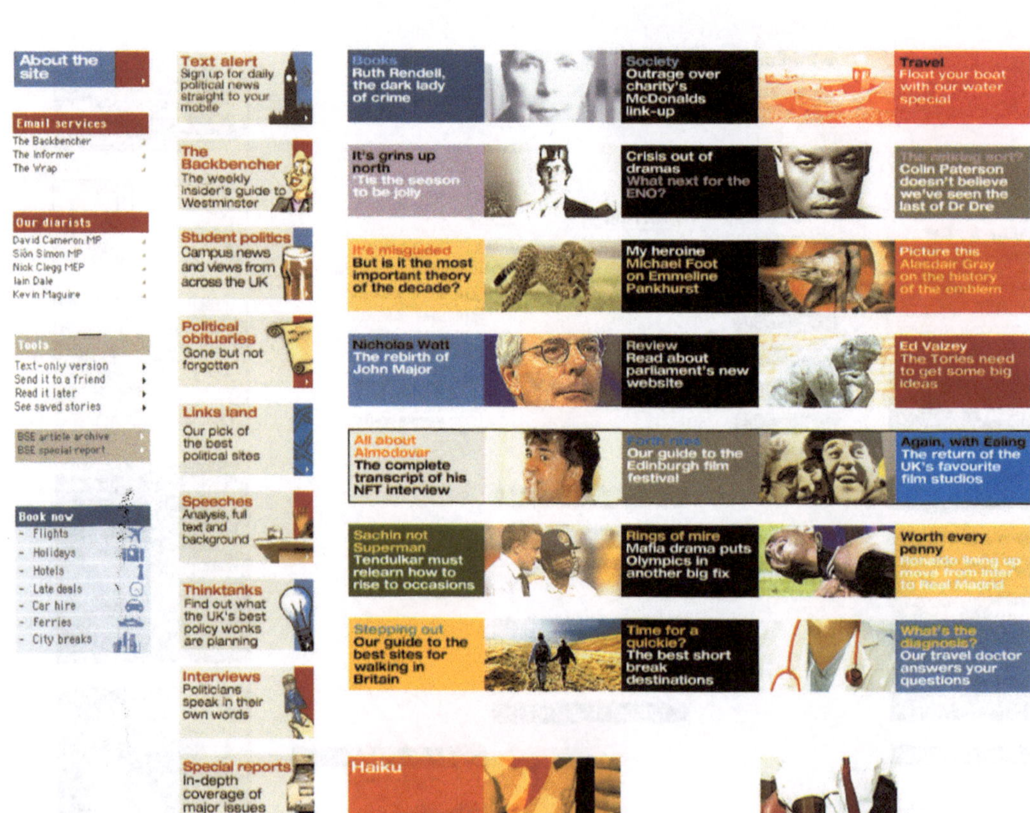

? › SEARCH SECTIONS REGIONS CLIPPINGS 02

Front Page
Business
Arts & Leisure
Travel
Technology
Health & Science
Sports
Editorials & Opinion
Special Reports
Money Report
Currency Converter
Weather
Sponsored Sections
Classifieds
Article Index

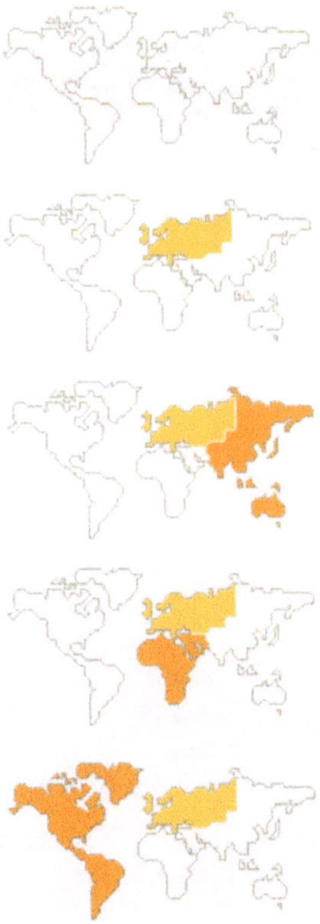

Show All Top Stories

Special Reports

Sponsored Sections

In Our Pages

Classifieds

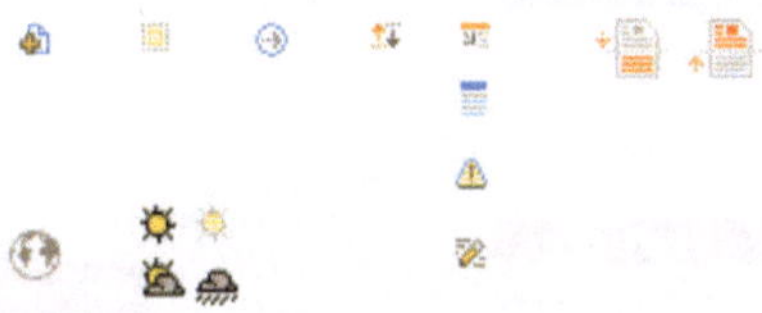

A+ A-

PAGE 1 | 3

‹ PREV PAGE › NEXT PAGE

› NEXT PAGE

BBC NEWS WORLD EDITION
BBC SPORT WORLD EDITION
ALL THE ACTION AS IT HAPPENS
BBC WORLD SERVICE
BBC WORLD SERVICE

NEWS
SPORT
WEATHER
BBCi Homepage | Terms & Conditions | Privacy |
BBC NEWS
BULLETINS
BBC One O'Clock News
SUMMARIES
Radio Latest
World Service

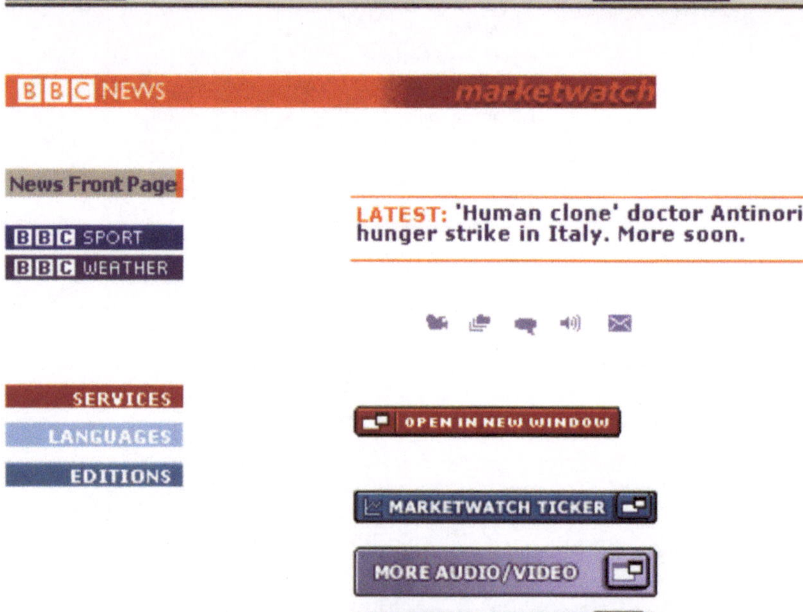
BBC NEWS
marketwatch
News Front Page
BBC SPORT
BBC WEATHER
LATEST: 'Human clone' doctor Antinori goes on hunger strike in Italy. More soon.
SERVICES
LANGUAGES
EDITIONS
OPEN IN NEW WINDOW
MARKETWATCH TICKER
MORE AUDIO/VIDEO
LAUNCH CONSOLE FOR AUDIO AND TEXT
MORE AUDIO VIDEO NEWS

Chinese 'loot' for sale

Lost in North Korea

Vietnam's buffalo wars

“They are rattled, they are weakening, we are getting a massive amount of intelligence... as to what is happening in Iraq”

Tony Blair

Bush piles pressure on Saddam

President George Bush says time is running out for Iraq, as two more US aircraft carriers and more troops are ordered to the Gulf region.

Also:

- Iraq: War in two stages?
- Turkey warns against Iraq war
- The disputed evidence
- War fears push oil to record high

News in Video: "US, UK reserve right to act alone"

In Depth: Full coverage of the crisis

Talking Point: Would Saddam exile avert war?

Homepage

Die Homepage (HP) als zentraler Eingangspunkt oder Startpunkt einer Website hat die verschiedensten Aufgaben zu erfüllen. Neben den Funktionen, die die Homepage eines Unternehmens präsentieren muss, kommen bei News-Sites zusätzliche Aufgaben hinzu. Ähnlich wie bei großen Internetportalen wird eine Vielzahl an sehr unterschiedlichen Inhalten beworben. Grundlage jeder funktional wirksamen News-Homepage ist daher die klare und übersichtliche Gestaltung. Die Hauptaufgabe des Designers besteht in der sachlichen Organisation der Inhalte und deren grafischer Hierarchisierung. Design wird hier zur reinen Informationsgestaltung und stellt den Schlüssel zu den Inhalten und Funktionen einer News-Site dar.

Da wir uns in diesem Buch mit dem Thema News-Sites, also mit dem gesamten Auftritt von News-Diensten beschäftigen, empfehlen wir zum Thema Homepage allgemeinere Webdesign- oder Usability-bücher wie die Untersuchungen von Jakob Nielsen: Homepage-Usability (deutsche Ausgabe 2002). Zwar sind die gestalterischen Kommentare gelegentlich etwas oberflächlich geraten, vor allem aber dann hilfreich, wenn ein neuer Internetauftritt oder die Neukonzeption eines bereits bestehenden Angebotes in Planung ist.

Da die Anforderungen an eine News-Homepage sich je nach inhaltlicher Ausrichtung und Überzeugung der Redaktion sehr unterscheiden, ist das Verhältnis von einer Homepage zu den folgenden Contentpages Bestandteil unserer Untersuchungen.

Homepage und Contentpages

Inwiefern sollte eine Contentpage anders gestaltet sein als die Homepage? Braucht der User eine Unterscheidung HP–CP?

Die Hierarchisierung der Inhalte auf der Homepage hilft dem Nutzer, schnell die wichtigsten Informationen zu finden. Die Hierarchisierung der Inhalte auf der gesamten Site dient der Orientierung.

Stellen Sie sich die Website als Haus und die Homepage als Eingangstür vor. Gelangt der User zu den Folgeseiten, ist er schon ins Haus eingetreten. Er ist sich dessen auch bewusst, da er einen Link angeklickt hat. Daher sollte ihm dies auch optisch vermittelt werden. In gewisser Weise hat der Nutzer eine Erwartungshaltung, die es zu erfüllen gilt.

Erlauben Sie einen weiteren Vergleich: Sie gehen durch ein prachtvolles großes Tor in den Innenhof einer Burg und finden dort weitere gleichgroße und ebenso prachtvolle Tore. Eine Irritation, die frustrieren kann, da man schnell die Orientierung verliert. Das ist in Anbetracht dessen, dass der User auf der Suche nach aktuellen Informationen ist, fatal.

Eine Rangordnung der Informationen – bezogen auf die Relation »wichtig« – »weniger wichtig« – muss auf der News-Homepage kommuniziert werden. Die Auswahl der Artikelanrisse, ihre Reihenfolge sowie die Platzierung von Content-Teasern auf der Startseite sollen vermitteln, welche Artikel der Nutzer auf jeden Fall lesen sollte, bevor er das Angebot wieder verlässt.

Die Homepage ist oftmals der einzige Ort, an dem eine Gewichtung der Inhalte möglich ist. Schon auf der ersten Folgeseite sehen auf den ersten Blick meist alle weiteren Artikel gleich aus (2, Abb. 93b). Nur wenige Online-Angebote platzieren in den jeweiligen Ressorts so genannte Aufmacher.

Eine andere Art der Hilfe bei der Auswahl von Artikeln bietet das Angebot von www.lemonde.fr. Hier kann der User sehen, welche Artikel beispielsweise von anderen Usern empfohlen werden (Abb. 92a). Auch die New York Times bietet eine ähnliche Rangliste (Abb. 92b).

Viele News-Sites sehen die einzige Möglichkeit, ihre Homepage vom restlichen Angebot zu unterscheiden, leider immer noch in einem überdimensionierten Logo. Wird dies dann auf den Folgeseiten verkleinert dargestellt, kann man diese Methode notfalls tolerieren. Der richtige Weg in Richtung eigenständiges Medium jedoch wäre es, sich von der Zeitungsmetapher zu lösen.

Ob und inwiefern News-Sites ihre Homepage vom restlichen Angebot abgrenzen, haben wir im ersten Kapitel dieses Buchs dargestellt. Von jedem Angebot sind jeweils die Homepage und eine Contentpage abgebildet.

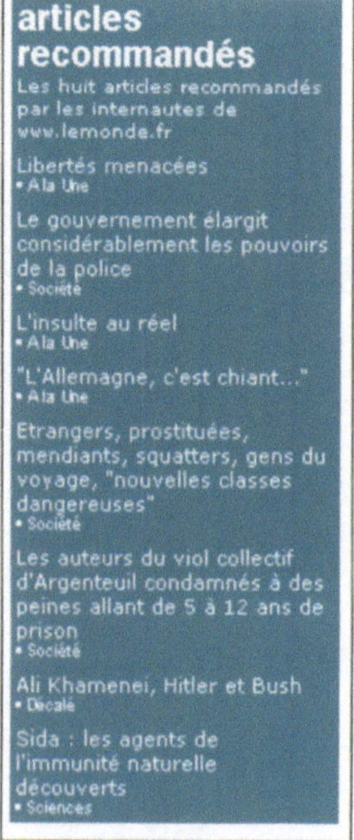

www.lemonde.fr

Abb. 92a

Eine Rangliste empfohlener Artikel hilft dem User eine Auswahl zu treffen.

www.nyt.com Abb. 92b

Die Top 25 der am meisten per E-Mail versendeten Artikel bietet dem Benutzer die Möglichkeit, ein News-Angebot aus der Sicht anderer Benutzer zu sehen und zudem Artikel zu finden, die er alleine nicht gefunden hätte.

www.spiegel.de Abb. 93

Homepage

93a

93b

Stand 12/2001 Abb. 93a + b

Lange Zeit unterschieden sich Home- und Contentpages in erster Linie durch das grau unterlegte Topthema (1, Abb. 93a). Das Topthema hob sich durch diese Gestaltung klar von allen restlichen Contentpages (2, Abb. 93b) der Site ab.

Homepage

93c

93d

Stand 09/2002 Abb. 93c + d

Im Zuge eines Soft-Relaunchs entschied man sich, auf die graue Unterlegung des Topthemas zu verzichten (3, Abb. 93c). Dadurch wird die starke Sonderstellung der Topmeldung gemindert sowie Home- und Contentpages (Abb. 93d) gestalterisch angepasst.

Ein anderes Feature, das die Auswahl der Artikel am Bildschirm erleichtern soll, bieten beispielsweise die *International Herald Tribune* (www.iht.com) und die *Financial Times Deutschland* (www.ftd.de) an. Diese Methode, die man »collect first – read later« (erst sammeln, später lesen) nennen kann, gibt es im Printmedium analog so nicht. Zwar gibt es natürlich auch viele Leser, die eine Zeitung zunächst beim Blättern überfliegen, sich diverse Artikel merken und später zu den einzelnen Artikeln zurückkehren, um sie genauer zu lesen. Die Arbeit des Sammelns geschieht hierbei jedoch im Kopf, es sei denn der professionelle Zeitungsleser markiert sich die zu lesenden Artikel. Andere nehmen sich die Zeit, die Artikel gleich ganz zu lesen. Durch das Sammeln kann der Leser seine Artikel wie in einen Einkaufskorb legen und später in Ruhe lesen.

Inwiefern diese Methode bei den Nutzern auf Interesse stößt, ist bislang noch nicht erforscht. Sinn macht sie insbesondere für Stammleser, die regelmäßig dieselbe Site aufsuchen. Bei der International Herald Tribune können die gesammelten Artikel eine Woche lang gespeichert werden. Zwar kann der Nutzer sich kein persönliches Archiv dauerhaft anlegen, wer sich interessante Artikel markieren möchte, um sie später zu lesen oder auszudrucken, wird dieses Feature aber dennoch zu schätzen wissen.

Diese »collect now – read later«-Methode deutet bereits in Ansätzen eine weitere internetspezifische News-Funktionalität an: die personalisierte Homepage.

Die News-Site der *Financial Times Deutschland* bietet neben der »collect first – read later«-Methode auch eine personalisierte Homepage als Service für ihre Benutzer an. Im Gegensatz zu anderen Sites kann der Benutzer die aktuell geladene Homepage aktiv verändern. Jede Modifikation wird bis zum nächsten Besuch gespeichert. Vier Personalisierungsfunktionen stehen zur Verfügung:

1 Anzahl der Artikel

Der User kann entscheiden, wie viele Meldungen in den thematischen Abschnitten auf der Homepage und den Centerpages erscheinen.

2 Collect first – Read later

Auf der Homepage, auf den Centerpages und in anderen Artikellisten wie beispielsweise Suchergebnissen lassen sich mehrere Artikel durch Anklicken der Check-Boxen vormerken, um sie dann gemeinsam lesen zu können.

3 Kurztexte ein- und ausblenden

Alle Artikelanrisse lassen sich auf die Headline reduzieren.

4 Abschnitt ein- und ausklappen

Um persönliche Schwerpunkte zu setzen, kann der User auf der Homepage und den Centerpages Abschnitte ein- oder ausklappen.

www.ftd.de Abb. 95a – e

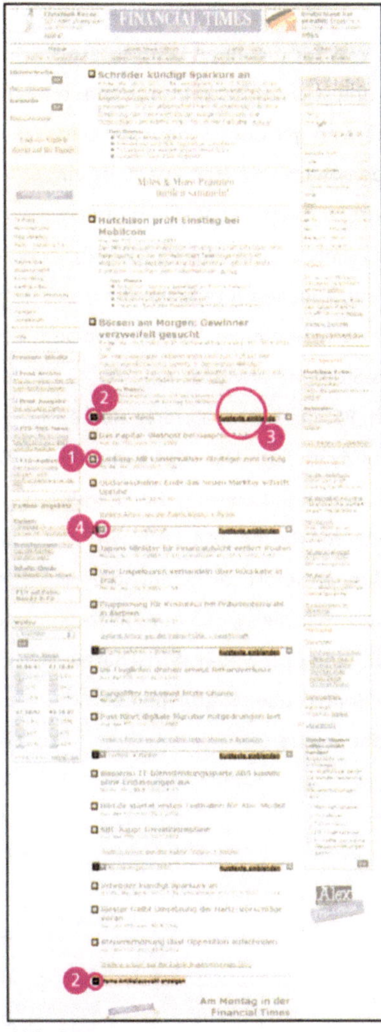

Abb. 95a

1

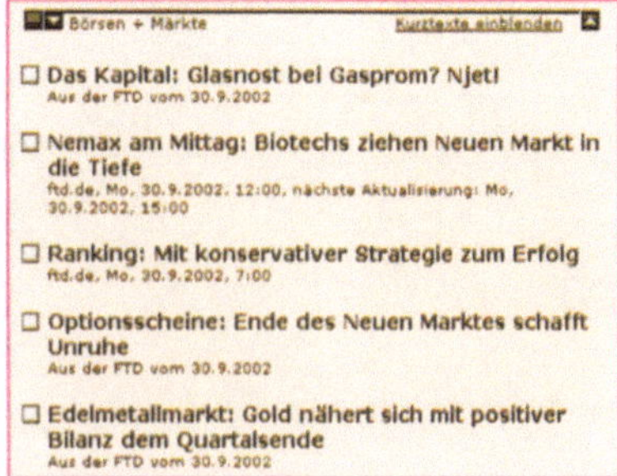

Abb. 95b

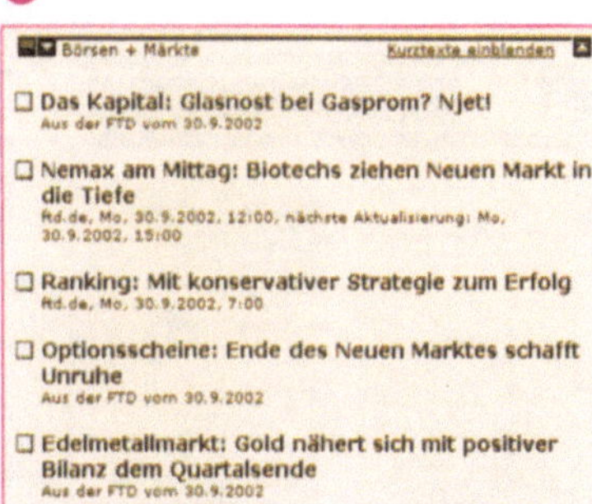

Abb. 95c

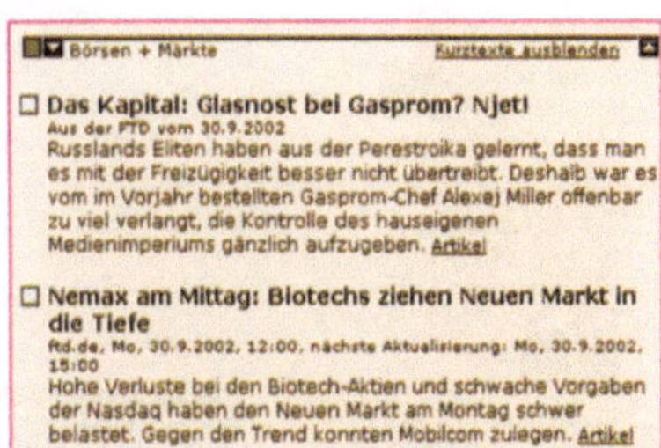

Abb. 95d

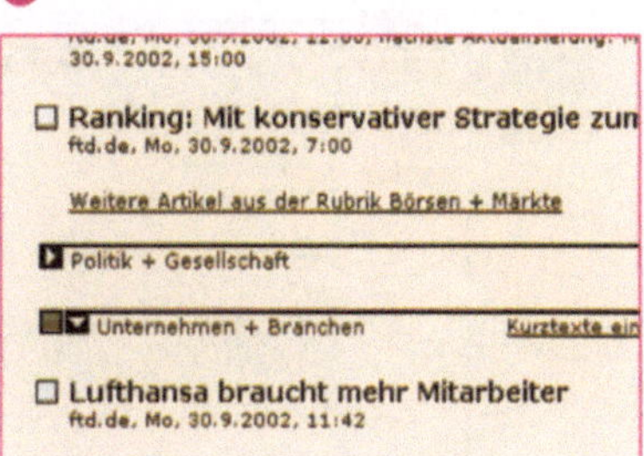

Abb. 95e

Personalisierte Homepage

Was für die einen Leser interessant und wichtig ist, kann für andere Nutzer von geringer Bedeutung sein. Die personalisierte Homepage ist ein Feature, das nur das Medium Internet so bieten kann. Um im Kleinen den individuellen Interessen der Leser nachzukommen, bieten diverse News-Sites wie www.faz.net (Abb. 96) die personalisierte Homepage (MySite) an. Der User kann nach einer Registrierung die Schwerpunkte der für ihn interessanten Meldungen selbst festlegen. So erscheinen beispielsweise nur Sportmeldungen und weder Wirtschafts- noch Politik- oder Kulturthemen auf der Startseite.

Umfragen zufolge gehen 54 Prozent der Nutzer mindestens einmal wöchentlich ins Internet, um ziellos zu surfen [2]. Ein Nutzer, der zu einer News-Site navigiert, um herumzustöbern, lässt sich Informationen sicherlich auch gerne häppchenweise servieren, er navigiert eher als der zielbewusste Nutzer über die Content-Werbung, die im Umfeld eines Artikels erscheint.

Bei einem solchen Nutzer ist der Vorteil der personalisierten Homepage auch zugleich ein Nachteil. Durch die Möglichkeit, explizit einzelne Informationen herauspicken zu können, geht der Reiz des Stöberns verloren. Oder aber es müssten in den einzelnen Rubriken weitere, differenziertere Auswahlmöglichkeiten angeboten werden. So wäre eine Unterscheidung bei Wirtschaftsmeldungen zwischen regional, national und international ebenso denkbar wie Kulturkritiken ausschließlich zu Veranstaltungen einer bestimmten Region oder Stadt.

www.faz.net

Abb. 96

Die personalisierte Homepage bietet nicht nur Vorteile für den Nutzer. Auch die Site-Betreiber können durch solche Serviceleistungen leichter herausfinden, welche Inhalte die Nutzer interessieren.

Werbung auf der Homepage

Eine personalisierte Homepage, die bei einem erneuten Besuch des gleichen Nutzers ähnlich aussieht wie beim letzten Mal, kann helfen, sich an den letzten Besuch besser zu erinnern. Die Fortführung einer eventuell abgebrochenen Aufgabe oder ergebnislosen Suche wird dadurch wesentlich vereinfacht. Diese aus der Interface-Theorie stammende Strategie erscheint sinnvoll, wenn man bedenkt, dass ein Computer-Benutzer bei den derzeitigen Desktop-Interface-Systemen immer zur Aufgabe navigieren muss. Würde der Computer nach dem Hochfahren automatisch zu dem als letztes bearbeiteten Dokument zurückkehren, könnte ein Teil des Arbeitsaufwandes reduziert werden [4].

Entscheidend zum Aussehen einer Homepage trägt auch die Platzierung von Werbung bei. Während lange Zeit die Meinung vorherrschte, der beste Platz für Werbung sei die Homepage, da sie als erste und wichtigste Seite am häufigsten angeklickt wird, sieht man mittlerweile vermehrt die Methode, den User über eine Homepage ohne aufdringliche Werbung ins Angebot zu locken. Dies läßt eine News-Site zusätzlich seriöser und unabhängiger erscheinen, wertet das Image einer News-Site also unbedingt auf.

Die *Netzeitung* versucht einen Kompromiss mit zeitlich begrenzter Werbung, die sich, nachdem sie kurz sichtbar war, wieder von selbst ausblendet. Ähnlich kann sich Werbung in Pop-Up-Fenstern auch nach wenigen Sekunden hinter das Hauptfenster stellen, um dort auf den User gewissermaßen zu warten (Pop-Under). All dies sind Kompromisslösungen zwischen optimaler Wirkung und möglichst wenig Penetranz.

Amerikanische News-Sites verwenden auf ihren Homepages kaum Werbung (vgl. *USA Today*, *New York Times*), dafür aber umso mehr und größer auf den Folgeseiten.

Vielleicht ist mit dieser Methode ein Klick gewonnen, da der Nutzer im Glauben, ein werbefreies Angebot vorzufinden, gerne einen weiteren Klick wagt. Diese Werbereduzierung wird dem Nutzer die Orientierung durch die Site erleichtern, da er zunächst nicht zwischen Eigen- und Fremdwerbung unterscheiden muss. Die Entwicklung wirksamer Werbeformen und das Heranführen an Bezahl-Inhalte wird die vorherrschende Aufgabe von News-Sites in den nächsten Jahren sein.

Printästhetik

In diesem Abschnitt werden News-Sites beschrieben, die die Optik von Tageszeitungen nachahmen. Um Struktur und Übersichtlichkeit herzustellen, bedienen sich diese Sites der Grundprinzipien von Tageszeitungen. Satzspiegel, Gestaltungselemente, Zeitungskopf, Ressorts etc. sind aus den Print-Produkten übernommen. Sie sind lediglich leicht abgewandelt und für den Bildschirm optimiert worden. Damit sind jedoch nicht die so genannten E-Paper-Ausgaben gemeint, die immer häufiger kostenpflichtig angeboten werden.

Bei einem E-Paper bekommt man die gedruckte Version auf den Monitor geliefert, kann Texte und Bilder einzeln anklicken, vergrößern oder im PDF-Format aufrufen und ausdrucken. Hier sprechen wir weiterhin von – bislang noch – kostenfreien News-Site-Angeboten. Mehr zum Thema E-Paper finden Sie im Kapitel Content am Ende dieses Buches.

Unabhängig von der Qualität des Stils drängt sich generell die Frage auf, weshalb manche News-Sites versuchen, derart unterschiedliche Medien wie Print und Online einander anzugleichen.

Webzeitungen haben eine andere Funktionalität als Printzeitungen, werden flüchtiger und an anderen Orten gelesen. Die Gestaltung von News-Sites sollte sich heutzutage nicht an einer Printvorlage orientieren, sondern den Anforderungen an das Bildschirmmedium angepasst sein. Wenn Elemente aus dem Printbereich und Funktionsweisen des Mediums Internet kombiniert werden, sollte die Trennung durch das Design zu erkennen sein.

Ein funktionales Interface-Design muss die unterschiedliche Bedienung der Inhalte kommunizieren. Für den Nutzer zählt einzig und allein der schnelle Zugang zu seinen Informationen. Während der eine gezielt einen Artikel aus der aktuellen Tageszeitung sucht, möchte ein anderer über das politische Geschehen mehr oder minder in Echtzeit informiert werden (vgl. Abschnitt »Aktualität« auf Seite 208 ff.).

Der Versuch, Menschen an ein neues Medium heranzuführen, indem ein älteres imitiert wird, ist nicht neu. Die Erfinder der Desktop-Metapher hatten Vergleichbares im Sinn. Um den Informationsraum Computer erklär- und navigierbar zu machen, entwarfen sie eine Schreibtischoberfläche mit Ordnern und Papierkorb.

Diese Adaptionen sollten aber nach einer Pionierphase wieder verlassen werden, da die Gefahr besteht, dass sie die Möglichkeiten des neuen Mediums auf ihre Metapher beschränken. Eigenständige Darstellungsformen müssen sich herausbilden und allmählich etablieren.

Die meisten Newsdienste sind finanziell sowie häufig auch inhaltlich an das Muttermedium gebunden und lehnen sich deshalb optisch an ihr Pendant an. Erstaunlicherweise findet man in Deutschland häufiger als beispielsweise in den USA Sites, die sich gestalterisch am Printmedium orientieren. Wer jedoch Satz- und Layoutechniken eins zu eins in ein anderes Medium überträgt, ohne die Lese- und Sehgewohnheiten des digitalen Mediums zu beachten, wird mit unerwünschten Nebeneffekten bestraft.

Die ansonsten ansprechend gestaltete Online-Ausgabe der Wochenzeitung *Die Zeit* setzt beispielsweise mit unglaublicher Härte Blocksatz ein. Bei einer gedruckten Zeitung besteht der Sinn von Blocksatz darin, den Unmengen von Text ein geordnetes Aussehen zu geben. Aus der Distanz betrachtet, soll gut gesetzter Blocksatz ein gleichmäßiges Graubild ergeben.

Auch auf Papier ist das Erstellen eines gut lesbaren Blocksatzes, insbesondere bei schmalen Spalten, schwierig. Auf dem Bildschirm wird es – durch das Fehlen der Möglichkeit einer manuellen Nachkorrektur – unmöglich.

AKTUELL

Direkter Draht nach Kabul

E-Mails über die Lage in Afghanistan >>

Carola Padtberg freut sich über die erneute Ankunft von E.T., Finis freut sich nicht über die Darmspiegelung von Susan Stahnke. Außerdem Buchrezensionen und die aktuellen Premieren, Ausstellungseröffnungen und Lesungen (5. April 2002) >>

GEHALTSCHECK

Einkommen

Verdienen Sie, was Sie verdienen? - Der Gehaltscheck der *Vergütungsberatung Personalmarkt* verrät es Ihnen >>

www.zeit.de Abb. 99

Große Löcher zerreißen den Text und hemmen den Lesefluss.

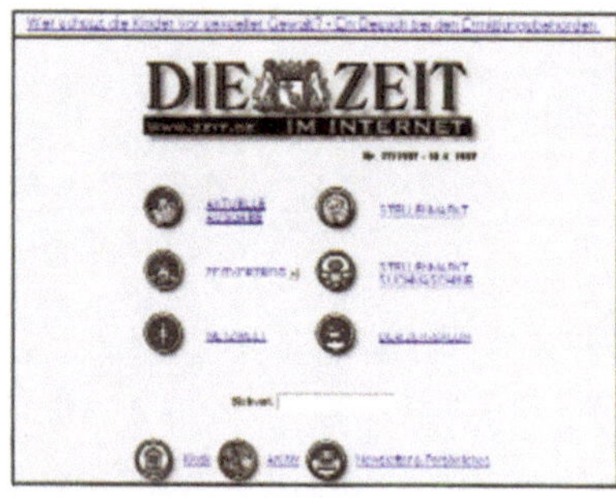

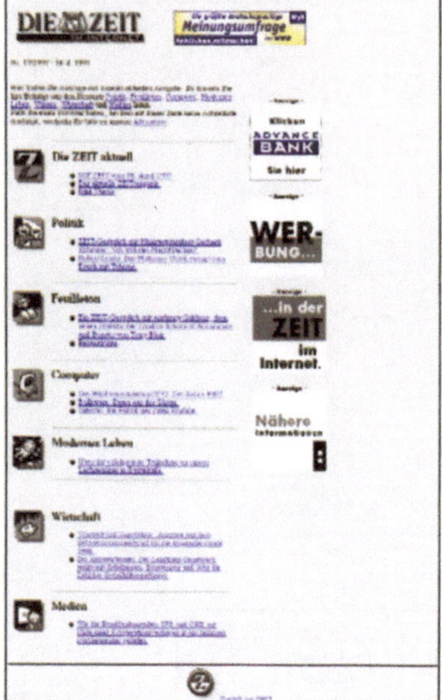

Abb. 100a 1997

www.zeit.de Abb. 100a + b

Schon zu Beginn ihres Internetdaseins kopierte *Die Zeit* die Printästhetik, indem die natürliche Farbe von Zeitungspapier nachempfunden wurde. Beim Redesign wurde aus dem unscheinbaren Grau dann ein freundlicheres Pastellgelb (Abb. 100b). Ende 2002 wich man von der Zentrierung des Logos ab und verbreiterte die linke Content-Spalte, um mehr Platz für Eigenwerbung zu erhalten. Die somit nicht mehr eindeutige Gewichtung der mittleren Spalte lässt den Nutzer leicht den Überblick verlieren (Abb. 100c).

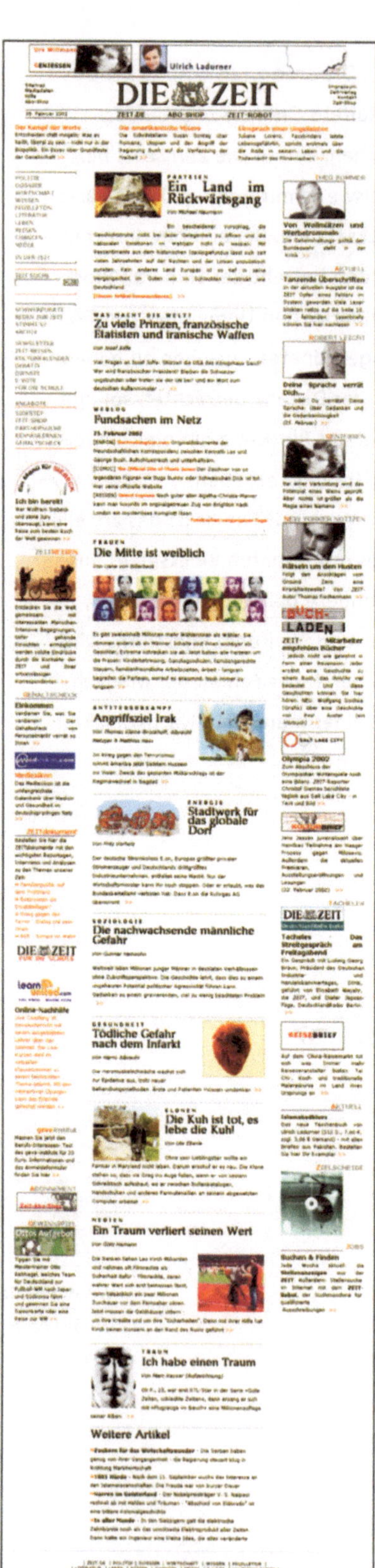

Abb. 100b 2002

Obwohl sich die grafische Anlehnung an das Printprodukt bei manchen der hier beschriebenen News-Sites wegen der identischen Inhalte anbietet, kann eine zu starke optische Übereinstimmung auch irreführend sein.

Bedenklich ist die Übertragung oder Übernahme des Zeitungsdesigns auch vor dem Hintergrund, dass nicht ersichtlich wird, ob zusätzliche Inhalte über das Print-Produkt hinaus angeboten werden. Gerade um neue Nutzer hinzuzugewinnen, sollte deutlich werden, welchen Vorteil das Internet gegenüber den klassischen Medien Tageszeitung, Fernsehen und Radio hat [2].

Abb. 100c 01.2003

Auch durch eine identische Namensgebung wird dem User möglicherweise nicht deutlich genug vermittelt, dass bei Online-News die Rafinesse gerade im Detail steckt (Abb. 101b).

Sonderfunktionen bei der Onlineausgabe der Financial Times Deutschland wie das Zusammenstellen von Artikeln durch Anklicken von Checkboxen oder die Top-Ten der am meisten gelesenen (bzw. angeklickten) Artikel, werden hier gestalterisch zu schwach kommuniziert.

Bis der User auf diese zusätzlichen Funktionen aufmerksam wird, muss er sich lange und ausführlich mit dem Produkt beschäftigen. Abhilfe kann hier sicherlich eine eigene Infobox schaffen, die über die Special-Features der Site informiert. Eine weitere Möglichkeit, Erstbesucher mit einem Online-Angebot vertraut zu machen, ist immer eine geführte Tour.

www.faz.de Abb. 101a

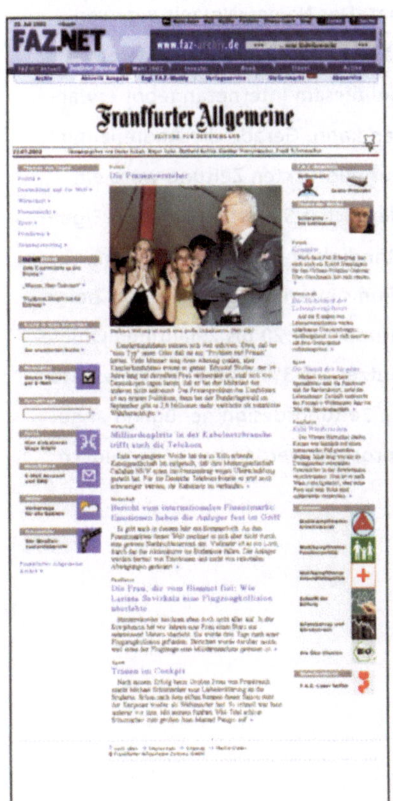

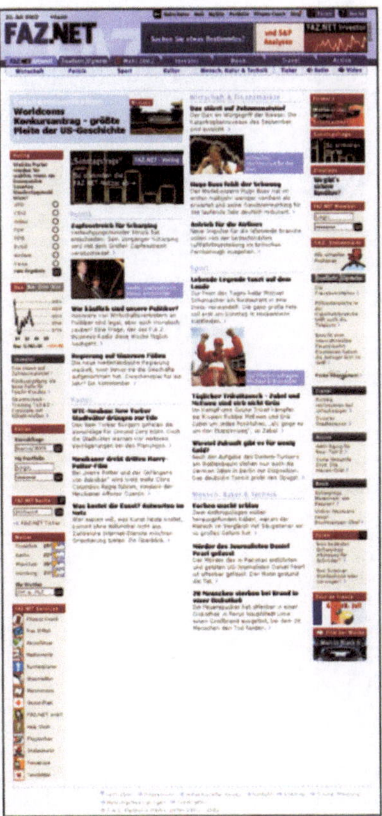

Die Anlehnung an die Printausgabe ist hier sicherlich richtig, da unter faz.de ausschließlich die Printinhalte zu finden sind. Dennoch rechtfertigt die für beide Angebote zuständige Navigation im Kopfbereich diesen überdurchschnittlich großen Seitentitel nicht (s. auch Abb. 107a).

www.ftd.de Abb. 101b

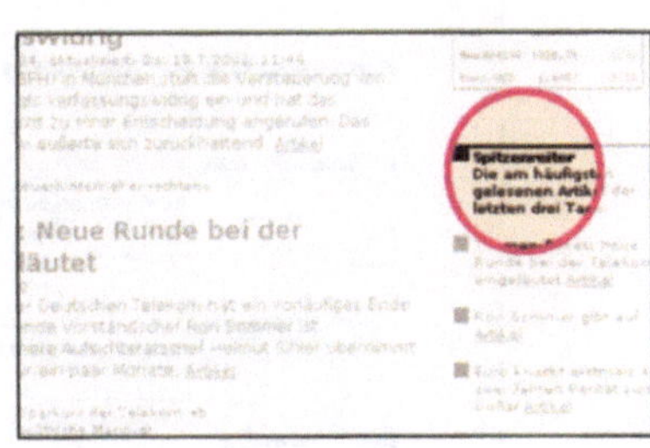

In diesem Fall bietet sich die Referenz zum Printprodukt sicherlich an. Die einprägsame Optik der Papierfarbe ist als Markenzeichen unverkennbar.

News-Site ohne Pendant

Um das Vertrauen der User zu erlangen, bedienen sich zum Teil sogar reine Online-News-Sites der Anlehnung an die Zeitungsoptik. Angefangen bei dem einer Printzeitung nachempfundenen Zeitungskopf bis zur Verwendung von Serifen-Headlines und Serifen-Fließtext. Auch aus der Namensgebung kann der User keine eindeutigen Schlüsse ziehen, ob er es hier mit einem Produkt aus dem Printbereich oder einem reinen Onlineprodukt zu tun hat. Der Name »Netzeitung« versäumt, dem User mitzuteilen, was er bei diesem Internetangebot erwarten kann. Gerade die Abgrenzung zur gedruckten Zeitung wäre ein deutlicher Schritt in Richtung Eigenständigkeit des Informationsmediums Internet. Ob die große Zielgruppe der 20 bis 29jährigen Onlinenutzer (80,3%) von einer News-Site im Zeitungsdesign genügend angesprochen werden kann, ist fraglich.

Anstelle sich und den Usern bewusst zu machen, dass man in und mit einem dynamischen Medium arbeitet und Informationen auf eine neue Art und Weise zur Verfügung stellen kann, wird hier ein statisches, klassisches und schwerfälliges Medium in den Namen aufgenommen. Hier wird bewusst darauf verzichtet, einen neuen Zeitgeist zu kommunizieren. Aus Angst, Werte wie Seriosität und Qualität einer Zeitung nicht auf anderem Wege erreichen zu können, kleidet man sich zunächst einmal wie die anderen.

Das auf Seite 80 beschriebene Problem der Printtitel, die mit mehr oder weniger modifiziertem inhaltlichen Konzept ins Internet übertragen werden, hat die »Netzeitung« naturgemäß nicht, versäumt aber auch hier, dies dem Nutzer zu kommunizieren, indem sie sich online wie eine Tageszeitung präsentiert.

NETZEITUNG.DE

sueddeutsche.de

Frankfurter Allgemeine

ZEITUNG FÜR DEUTSCHLAND

Boulevard

Bei Boulevardzeitungen erscheint die Übertragung der Printästhetik ins Internet sinnvoller. Zeitungen, die im Print grafische Elemente mit einer lauten Form- und Bildsprache benutzen, haben es scheinbar leichter, auch im Internet eine ähnliche optische Wirkung zu erzielen. Selbst Design-Laien können, ohne lange nachzudenken, grafische Merkmale der Printausgabe der *Bildzeitung* benennen. Dies verleitet zu der Annahme, es sei einfach, einen Internetauftritt für die *Bildzeitung* zu gestalten. Tatsache ist, dass auch Bild.de diverse grafische Entwicklungsstufen mit mehreren Relaunches, Redesigns und Soft-Relaunches durchmachen musste, um dahin zu kommen, wie wir sie heute im Web finden (Abb. 105a–c). Plakative Typografie, große Bildformate und die Grundfarben Rot, und Schwarz kommen in dieser Mischung schon sehr nah an das Pendant der Printausgabe heran.

Boulevardzeitungen aus anderen Ländern pflegen alle einen ähnlichen Stil im Internet. Die britische *Sun* kommt etwas luftiger und typografisch sensibler daher als ihre internationalen Mitbewerber. Trotz ihres sehr lauten Stils verwendet die *Sun* Condensed-Schriftschnitte auf ihren Teaser-Bildern (Abb. 105d).

Auch der schweizerische *Blick* verwendet ähnliche grafische Mittel wie die *Bildzeitung* und die *Sun*. Die Topmeldung ist eine Kombination aus Boulevard-Typografie und Foto. Allerdings entsteht ein visueller Bruch, wenn der Benutzer sich in das Angebot klickt. Als Schrift wird ausschließlich der Serifen-Font Tahoma benutzt. Abgesehen von der schlechten Lesbarkeit, passt diese Schrift auch optisch weder zum Stil der Homepage noch zur Boulevard-Ästhetik der Printzeitung (Abb. 105e).

www.bild.de Abb. 105a – c

Abb. 105a 1996

Abb. 105b 2001

Abb. 105c 2002

www.thesun.co.uk Abb. 105d

www.blick.ch Abb. 105e

Seitenkopfgrößen

Der Seitenkopf bei gedruckten Tages- und Wochenzeitungen ist deshalb so groß gestaltet, weil ein Printprodukt am Kiosk gut erkennbar ausliegen muss. Der Käufer soll, ohne langes Suchen, seine Zeitung sofort zwischen den vielen Konkurrenztiteln erkennen.

Wird nun die Printästhetik auf den Bildschirm kopiert, widerspricht ein großer Seitenkopf mit überdimensioniertem Logo diversen technischen und gestalterischen Grundregeln des Internet. Zum einen spielt die Übertragungsdauer auch in Zeiten von DSL immer noch eine entscheidende Rolle. Große Bilder beeinträchtigen die Ladegeschwindigkeit komplexer Seiten nach wie vor. 49 Prozent der User surfen laut der Statistik-Site »thecounter.com« mitlerweile (Herbst 2002) mit einer Bildschirmauflösung von 800x600 Pixeln [5]. Dies bedeutet, dass der sichtbare Bereich einer Internetseite für 49 Prozent der User eine maximale Höhe von 600 Pixeln hat.

Obwohl auf Internetseiten, die wie www.faz.de einen derart großen Seitenkopf haben, erst ab einer Höhe von ca. 280 Pixeln Inhalte erscheinen, gönnen sich manche News-Sites diesen Luxus. Es kommt der Verdacht auf, dass der alleinige Grund für diese Missachtung der Usability in Werbezwecken der Verlage begründet ist.

Abb. 107a

Abb. 107b

Abb. 107c

Abb. 108a

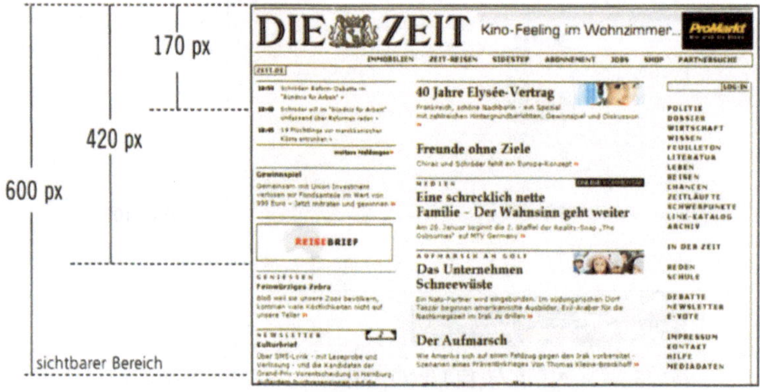

Abb. 108b

Abb. 108c

Abb. 109a

Abb. 109b

Variable Logo-Größe

Einen Kompromiss zwischen möglichst großem Seitenkopf mit Signet und größtmöglichem Raum im sichtbaren Bereich (800x600 Pixel) für Informationen zeigt die News-Site von *USA Today*.

Auf der Homepage wird das Signet in einer Höhe von 148 Pixeln präsentiert, wobei die Fläche neben dem Signet gleich für eine Meldung mit Foto genutzt wird. Das Prinzip wird auf den Startseiten der sechs Hauptchannels fortgeführt, jedoch steht hier anstelle des Signets die Channelbezeichnung. Auf diese Weise wird zudem der Unterschied zwischen Home- und Contentpages sofort deutlich.

Eine weitere Besonderheit dieser News-Site besteht darin, dass auf der Homepage im Seitenkopf auch schon die Hauptnavigation integriert ist. Der User wird so an der prägnantesten Stelle (im Seitenkopf links neben dem Logo) darauf hingewiesen, dass es sechs Bereiche mit unterschiedlichen Farben gibt. Die Gesamthöhe der Channelpalette beträgt wie der Seitenkopf nur 148 Pixel und ist gut zu überschauen.

Gelangt man auf eine Artikelseite, reduziert sich der Logo-Kopf auf eine Höhe von 23 Pixeln. Das Logo ist stark verkleinert im linken oberen Eck platziert (1, Abb. 111b). Dies ist nur durch die Variation der Wortmarke »USA TODAY« möglich. Anstatt wie sonst untereinander, werden nun die Worte »USA« und »Today« nebeneinander geschrieben (1, Abb. 111b). Details wie die Modifikation der Wortmarke sind wichtig, um ein im Sinne der Usability optimiertes Angebot präsentieren zu können.

Der Auftritt von *USA Today* zeigt, dass die größte Zeitung der USA versucht, die breiteste Zielgruppe anzusprechen. Die Betreiber der Site gehen davon aus, dass sie User mit sehr unterschiedlichen technischen Voraussetzungen und ebenso unterschiedlichem Internet-Know-How haben. Bedienung, Navigation und Site-Struktur sind insgesamt sehr einfach gehalten.

Abb. 111a

Abb. 111b

Abb. 111c

Abb. 111d

Typografie

Die Typografie einer News-Site hat die gleichen Anforderungen zu erfüllen wie die einer gedruckten Zeitung: Sie soll den Inhalt eines Artikels optimal transportieren. Sie muss also sowohl ein Überfliegen der Titel und Texte als auch eine bequeme Lektüre des ganzen Artikels ermöglichen. Des Weiteren sollte sie ein Einordnen des Artikels in einen bestimmten Sachzusammenhang ermöglichen.

Zu diesen Anforderungen, also der Lesbarkeit und Hierarchisierung, kommt noch eine dritte hinzu: Die typografische Form eines Artikels soll das Corporate Design seines Herausgebers unterstützen.

Wie wichtig der richtige Umgang mit Typografie am Bildschirm ist, zeigt eine Studie aus dem Jahr 2000 an der Ohio State University: Studenten, die Texte am Bildschirm gelesen hatten, verstanden diese schlechter und hielten sie für weniger interessant und überzeugend als Studenten, die dieselben Texte im Printprodukt gelesen hatten [6].

Wenngleich mit der Typografie auf einer News-Site dieselben Ziele angestrebt werden wie bei einer gedruckten Zeitung, müssen diese mit anderen Gestaltungsmitteln realisiert werden: Die niedrige Bildschirmauflösung, unterschiedliche und änderbare Fenstergrößen, die begrenzte Schriftwahl oder das Fehlen mikrotypografischer Möglichkeiten schränken die Gestaltung ein.

Anforderungen an die Typografie einer News-Site

1 Lesbarkeit
Transportieren des Inhaltes,
Überfliegen der Titel und Texte,
Bequeme Lektüre

2 Hierarchisierung
Einordnung der Wichtigkeit des Artikels,
Einordnung der typografischen Elemente (Dachzeile, Headline etc.),
Kommunizieren der Informationstiefe (Menge der Hintergrundberichte)

3 Corporate Design
Erkennbare Zugehörigkeit typografischer Elemente zur Site

Lesbarkeit

Die Lesbarkeit eines Textes hängt unter anderem von der Schriftwahl und der Schriftgröße, dem sogenannten Schriftgrad, ab. Ein Computer-Bildschirm stellt auf einem Zoll lediglich 72 bis 96 Bildpunkte dar. Selbst eine per Fax übertragene Seite besitzt eine höhere Auflösung. Aufgrund dieser groben Auflösung sind zu viele Details einer schnellen Zeichenerkennung abträglich. Es hat sich deshalb die Annahme durchgesetzt, dass auf dem Bildschirm serifenlose Schriften (wie Arial, Helvetica oder Verdana) aufgrund ihrer einfacheren Formen besser lesbar sind als Serifenschriften (wie Times oder Georgia, Abb. 113a + b).

Bei der Schriftwahl stehen lediglich die bei gängigen Betriebssystemen (oder gängigen Browsern) mitgelieferten Schriften zur Auswahl: Verdana, Trebuchet MS, Comic Sans MS, Impact, Arial (Helvetica), Courier New (Courier), Georgia, Times New Roman (Times). Um aber ganz sicher zu gehen, sollte immer der betreffende »Generic Family Name« (zum Beispiel: sans-serif, serif, monospace usw.) mit in die Schriftendefiniton aufgenommen werden. Zwar stehen mit »Truedoc« von Bitstream und »WEFT« von Microsoft zwei Schrift-Einbindungs-Techniken zur Verfügung, die es ermöglichen, mitsamt der aufgerufenen Website auch die benötigten Schriften herunterzuladen. Aber keines der beiden Verfahren ist zum gegenwärtigen Zeitpunkt plattform- oder browserübergreifend einsetzbar. Da aus rechtlichen Gründen viele Schriften ohne eine kostenpflichtige Zusatzlizenz gar nicht eingebunden werden dürfen und außerdem zusätzliche Daten übertragen werden müssen, hat sich Schriften-Einbindung bisher nicht durchgesetzt.

Formenvergleich Abb. 113a

Nicht alle Schriften sind gleich gut lesbar. Die »offenen« Schriften Verdana und Georgia wurden speziell für eine bessere Bildschirmlesbarkeit entworfen. Nachteil: Sie benötigen mehr Platz in der Breite. Bei den Serifenschriften (unten) ist sehr gut das Problem der »zu vielen Details« erkennbar. (Vergrößerung vierfach)

Lesbarkeit Abb. 113b

Im Druckbereich gilt: Eine Schrift mit Serifen (oben) ist leichter lesbar als eine serifenlose Schrift (unten). Ihre größere Formenvielfalt erleichtert das Unterscheiden der Buchstaben – gut zu erkennen in den halb abgedeckten Zeilen. Außerdem »leiten« die Serifen den Blick entlang der zu lesenden Zeile.

Beim Schriftgrad ist zu beachten, dass die Definition eines Schriftgrades in Cascading-Style-Sheets (CSS) in Pixeln (px) zuverlässiger auf unterschiedlichen Plattformen arbeitet als die Angabe in Points (pt) (Abb. 114a). Die Schriftdefinition sollte auf jeden Fall auf unterschiedlichen Plattformen getestet werden: Da Schriften in Point oder in »relativen Größen« (<font size="1"> usw.) unter Windows größer dargestellt werden als unter MacOS, neigen Webdesigner oft dazu, Schriftgrade zu wählen, die auf letzterer Plattform unleserlich klein erscheinen. Auch die Verfügbarkeit (bzw. Darstellbarkeit) des jeweiligen fetten Schriftschnittes im gewählten Schriftgrad sollte überprüft werden.
Ist eine Arial beispielsweise in 10px auf einem Windows-Rechner gut als fett zu erkennen, so wird sie auf einem Macintosh nur unwesentlich »weiter« aber nicht fett dargestellt (Abb. 114a).

Neben Schriftwahl und Schriftgrad hängt die Lesbarkeit eines Textes hauptsächlich von der guten Proportion zwischen Zeilenlänge und Zeilenabstand ab. Eine gute Zeilenlänge für deutschsprachige Texte ist zwischen 30 und 70 Zeichen. Je länger die Zeile ist, desto größer sollte der Zeilenabstand sein. Er ist wesentlich, damit das Auge des Lesers leicht vom Ende einer Zeile zum Anfang der nächsten finden kann. Seit Einführung der Cascading Style Sheets ist dem Webdesigner die Kontrolle über diesen Parameter gegeben. Aufgrund der dargelegten Überlegung ist klar, weshalb hier von Layouts abgeraten wird, die sich an die Fenstergröße anpassen. Allerdings sollte es möglich sein, dass der Benutzer die vom Webdesigner vorgegebene Schriftgröße verändern kann (Abb. 115a + b).

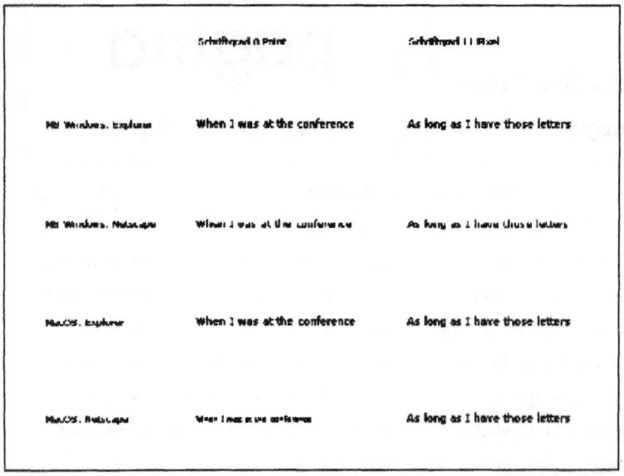

	Schriftgrad [illegible] Point	Schriftgrad 11 Pixel
MS Windows, Explorer	When I was at the conference	As long as I have those letters
MS Windows, Netscape	When I was at the conference	As long as I have those letters
MacOS, Explorer	When I was at the conference	As long as I have those letters
MacOS, Netscape	[illegible]	As long as I have those letters

Schriftgrößen Abb. 114

In CSS angegebene Schriftgrößen werden je nach Browser und Betriebssystem leicht unterschiedlich dargestellt. Größte Übereinstimmung wird mit der Schriftgrad-Angabe in Pixeln erreicht.

www.stuttgarter-zeitung.de Abb.115a

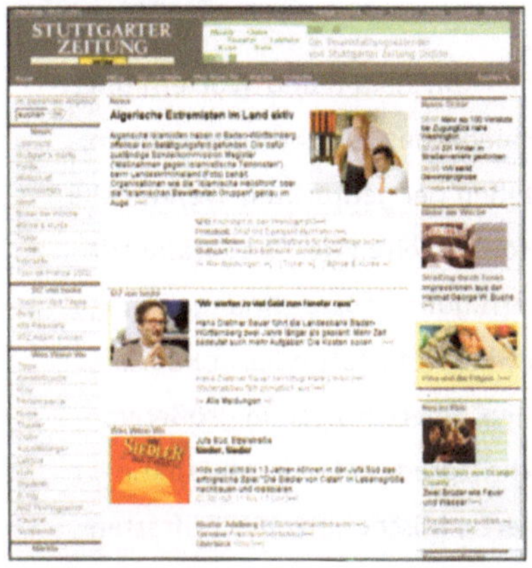

Schriftgröße 12 Pixel

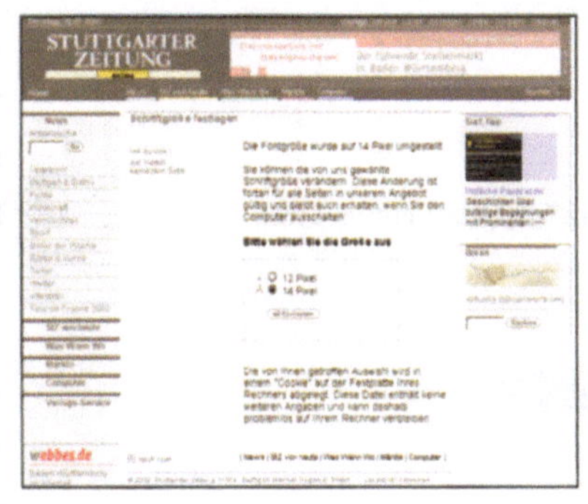

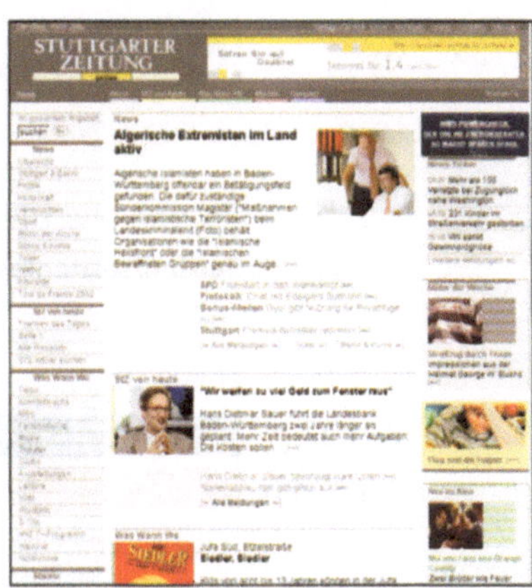

Schriftgröße 14 Pixel

Die Möglichkeit, die Schriftgröße individuellen Bedürfnissen der User anpassen zu können, sollte mittlerweile zum Standardrepertoire einer News-Site gehören.

www.iht.com Abb.115b

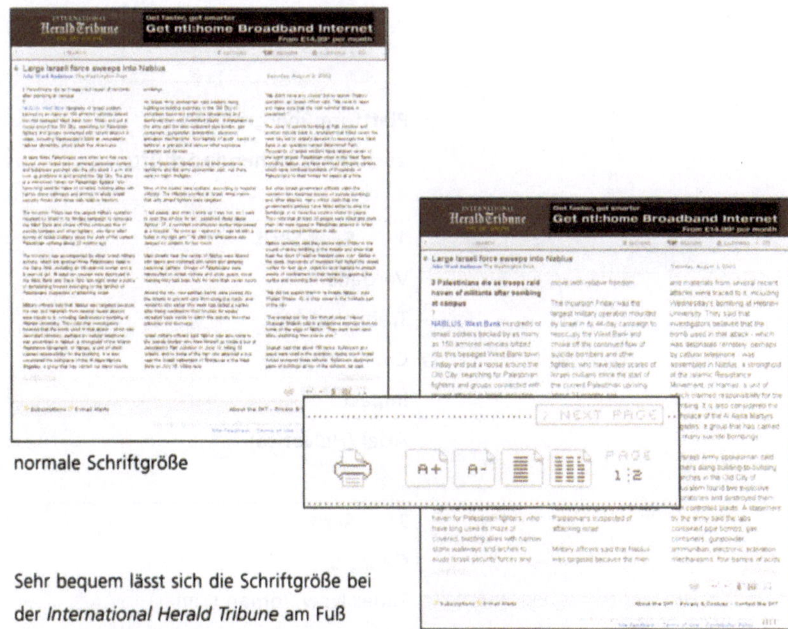

normale Schriftgröße

veränderte Schriftgröße

Sehr bequem lässt sich die Schriftgröße bei der *International Herald Tribune* am Fuß jedes Artikels verstellen. Zusätzlich kann der User entscheiden, ob er den Artikel in einem ein- oder mehrspaltigen Layout lesen will.

Verwendung von
Serifen/serifenlosen Fonts bei News-Sites

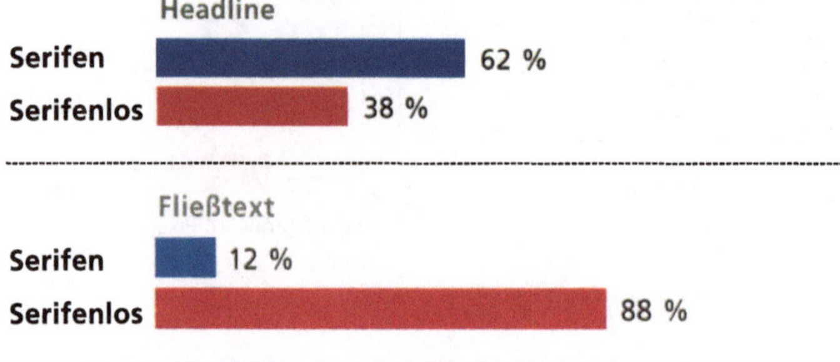

Bei dieser Untersuchung wurden 68 internationale News-Sites einbezogen. Stand 09/2002

Plattformübergreifend zur Verfügung stehende Schriften

1 Sans-Serif

Verdana
Trebuchet MS
Comic Sans MS
Impact
Arial (Helvetica)

2 Serif

Georgia
Times New Roman (Times)

3 Monospace

Courier New (Courier)

Hierarchisierung

Um Texten und Wörtern unterschiedliche Gewichtung zu geben, stehen bei gedruckten Werken alle Möglichkeiten der Typografie zur Verfügung: Auszeichnungen in kursiv, halbfett, fett oder in Kapitälchen, Überschriften in größerem Schriftgrad und »negativ spationiert«, Mischung von Schriftarten usw., um nur einige zu nennen. Bei der Benutzung auf einer Website sind, wie oben bereits dargelegt, diesen Möglichkeiten enge Grenzen gesetzt. Wie trotzdem eine sinnfällige Hierarchisierung erreicht werden kann, zeigt sehr gut das Beispiel der Homepage von »www.zeit.de« (Abb. 119). Die Farbe der Schrift kann in diesem Bereich auch sehr gute Dienste leisten: Ist zum Beispiel eine Auszeichnung in kursiv auf dem Bildschirm oft unleserlich, kann ein ähnlicher Effekt mit einer von der normalen Schriftfarbe leicht abweichenden Farbe (Grau zu Schwarz beispielsweise) erzielt werden.

Typographie zur Unterstützung eines Corporate Design

Bei der oben aufgezeigten engen Auswahl der plattformübergreifend zur Verfügung stehenden Schriften, ist die Möglichkeit, sich allein durch die Schriftwahl von Mitbewerbern absetzen zu können, eher gering. Eine bereits auf Lesbarkeit und Hierarchisierung optimierte Typographie lässt hier wenig Spielraum. Abhilfe kann der Einsatz von Schriftgrafiken bringen. Schriftgrafiken sind in Bildbearbeitungsprogrammen erstellte Texte, so zum Beispiel Headlines (1, Abb. 117b). Der Vorteil dieser Methode ist, dass jede vom Designer gewünschte Schrift eingesetzt werden kann und auch typografische Modifikationen – unterschneiden usw. – möglich sind. Nachteil: Der Text kann nicht automatisch indiziert (in eine Suche aufgenommen) werden, da es sich ja technisch nicht mehr um Text, sondern um ein Bild handelt.

Außerdem beansprucht ein Bild natürlich eine größere Datenmenge als der bloße Text. Wird also auch eine möglichst kurze Downloadzeit angestrebt, ist diese Lösung mit der Schriftgrafik zu verwerfen.

Übrigens nutzte die Online-Ausgabe der *New York Times* auf der Homepage früher Schriftgrafiken für den Titel des Topthemas (1, Abb. 117b), ist aber inzwischen wieder zu HTML-Text zurückgekehrt (2, Abb. 117c). Die *Bildzeitung* nutzt weiterhin viele Schriftgrafiken, da die kraftvolle Wirkung der Titel ihrer Druckausgabe – ein wesentliches Designmerkmal der *Bildzeitung* – anders nicht auf den Bildschirm übertragbar ist.

Abb. 117b Stand 04/2001

Abb. 117c Stand 12/2001

Retten Sie Ihr Geld

Tappen Sie bei Aktien nicht in die Steuerfalle!

Retten Sie Ihr Geld

Tappen Sie bei Aktien nicht in die Steuerfalle!

Schriftenglättung Abb. 117a

In modernen Betriebssystemen ist eine Funktion zur Schriftenglättung enthalten. Die vom Betriebssystem erzeugte Glättung (oben) ist weniger überzeugend als die in Bildbearbeitungsprogrammen erzeugbare Glättung. Abbildung dreifach vergrößert.

Wie schon im Abschnitt »Hierarchisierung (S.116)« erwähnt, benutzt der Auftritt von *Die Zeit* (www.zeit.de) die Reize der optischen Wechselwirkungen diverser Schriftformatierungen (Abb. 119).

So werden beispielsweise in einem Artikelanriss zwei verschiedene Schrifttypen mit drei zusätzlichen Formatierungen benutzt.

1	**Dachzeile** Verdana, gesperrte Versalien
2	**Headline** Garamond
3	**Unterzeile (Autor)** Verdana, kursiv
4	**Fließtext** Verdana

Die unterschiedliche Auszeichnung unterschiedlicher typografischer Informationselemente bei Artikelanrissen erleichtert dem Nutzer die Aufnahme des Gelesenen [7]. Nachdem der Leser gelernt hat, welche Auszeichnung welche Information markiert, ist es für ihn einfacher, den Seiteninhalt beispielsweise nach Autor oder Dachzeile zu überfliegen. In der Typografie gilt bei der Gestaltung von Plakaten die Begrenzung auf maximal drei Kommunikationseinheiten als optimal. Vier unterschiedliche Auszeichnungen für vier unterschiedliche Informationsebenen in einem Artikelanriss stellen daher eine Obergrenze des Aufnahmevermögens der Leser dar.

Artikelanrisse

Da der Leser online im Unterschied zu einem Artikel in der gedruckten Zeitung nicht auf den ersten Blick erkennen kann, ob es sich um eine kurze Meldung oder einen ausführlichen Bericht handelt, möglicherweise sogar um ein ganzes Themenpaket, das wiederum auf mehrere Bildschirmseiten verteilt ist, sollten die typografischen Möglichkeiten auch dazu genutzt werden, solche Informationen schon im Artikelanriss zu kommunizieren. Die folgende Übersicht diverser Artikelanrisse zeigt den begrenzt unterschiedlichen Einsatz typografischer Auszeichnungen.

Informationen, die im Artikelanriss bereits enthalten sein können

---

1 Hierarchie
Wichtigkeit des folgenden Artikels,
Bewertung durch andere Nutzer (Anzahl der Leser)

---

2 Inhalt
Ressortzugehörigkeit,
Thema,
Autor,
Aktualität (Datum, Uhrzeit),
weitere Artikelverweise (assoziative Links),
Größe der Information (Zeilen, benötigte Lesedauer),

---

3 Sonstiges
Weiterführender Link auf Artikel,
Bild

USA-IRAK
Mandat für den Krieg
Von Matthias Nass
Bush setzt sich durch, Chirac legt ihm die Zügel an, Schröder wird nicht vermisst >>

Abb. 119

www.nytimes.com

MOVIE REVIEW | 'FULL FRONTAL'
Make a Movie About a Movie. Repeat.
By A. O. SCOTT
Steven Soderbergh's movie, about the brittleness and disconnection of life in the movies, is as rough and grainy as the off-the-rack digital video in which much of it was shot.

www.guardian.co.uk

Whitehall spin machine expanded
The electronic information and rebuttal system used by the government to help Whitehall stay on message is to undergo a dramatic expansion, according to Cabinet Office documents seen by the Guardian.
Alexander Chancellor: The spin cycle
Special report: politics and the media

www.netzeitung.de

» DEUTSCHLAND
Schäuble für deutsche Beteiligung an Militäraktion gegen Irak

Sollte es zu einem Angriff auf Irak kommen, dann sollte sich auch Deutschland daran beteiligen, meint Wolfgang Schäuble. Vorausgesetzt, die UNO entscheidet klar dafür.
ARTIKEL | 03. Aug 11:18

www.zeit.de

WELTWIRTSCHAFT
Wer stoppt die Herde?
Von Robert von Heusinger und Wolfgang Uchatius
Die Konjunktur läuft, aber die Anleger meiden die Börse. Die Gefahr: Sinkende Kurse können die Realwirtschaft nach unten reißen. Europa droht ein Jahrzehnt der Stagnation >>

www.weltwoche.ch

Diäten
Jetzt beginnen die fetten Jahre
Jutta von Campenhausen
Wer sich gesund ernähren will, muss umdenken: Nicht Butter und Speck, sondern Brot und Kartoffeln machen krank und dick. Das Dogma vom bösen Fett wankt. mehr...

www.nzz.ch

3. August 2002, 10:29
USA lehnen irakisches Gesprächsangebot ab
Zurückhaltende Reaktion Kofi Annans
Die USA haben das Gesprächsangebot Bagdads an den Uno-Waffeninspektor Hans Blix abgelehnt. Irak habe stets versucht, sich seinen Verpflichtungen in Bezug auf die Inspektionen zu entziehen, sagte Aussenminister Colin Powell. »

www.sueddeutsche.de

Deutsches Team weiter im Medaillen-Sog
Die deutsche Mannschaft ist auch am großen Finaltag von Superstar Franziska van Almsick über 200 m Freistil beider EM in Berlin gut in Schwung. →

---

www.repubblica.it

Pera, solidarietà da Casini "Rispetto per le istituzioni"
Dopo Berlusconi e Ciampi, si pronuncia anche il presidente della Camera, con una telefonata e una nota. La seconda carica dello Stato si sfoga: "Mi hanno lasciato solo". La sua puntigliosa difesa

---

www.economist.com

America's fiscal policy
The present is better than it looks; the future may be worse
Sep 19th 2002

---

www.cnn.com

Judge: Reveal detainee names
A federal judge Friday ordered the Justice Department to release within 15 days the names of people "arrested and detained in connection with its September 11, 2001, terrorist investigations."
FULL STORY »

---

www.faz.net

MLP-Aktienkurs bricht ein wie ein Kartenhaus
Eine Gewinnwarnung von MLP führt zu einem Kursdebakel. Mit einem Schlag verliert der Finanzdienstleister 846 Millionen Euro an Wert. ›

Für die einstige Star-Aktie MLP steht die Ampel auf Rot

---

www.iht.com

NEWS ANALYSIS As companies fail, Bush pulls out handcuffs

The WorldCom case now joins the parade of high-profile indictments, complaints and investigations that have quickly become the vital center of the administration's strategy for reducing political vulnerability for the White House. The administration of President George W. Bush long relished the close ties to the corporate world that it is now straining to shun.
Stephen Labaton

---

www.spiegel.de

ARBEITSMARKT
Im Juli 4,1 Millionen Menschen ohne Job
Die Zahl der Arbeitslosen hat im Juli wieder die Vier-Millionen-Marke durchbrochen und ist angeblich auf 4,11 Millionen gestiegen. mehr...

- Ferienjobs: Die Lage ist mieser als mies
- Arbeitslosigkeit: Bildung schützt
- Hartz-Kommision: Neue Regeln für Minijobs
- Ostdeutschland: Am Tropf des Westens

Bildmaterial

Nach wie vor sind Downloadzeiten wichtig für die Usability von Internetseiten. Obwohl das Internet durch die Rezeption am Bildschirm als visuelles Medium wahrgenommen wird, ist es in erster Linie ein Textmedium. Die Benutzung von Bildmaterial bei News-Sites trägt jedoch entscheidend zum Klickverhalten der User bei. Auch hier gibt es erhebliche Unterschiede bei News-Sites, je nachdem, welche Zielgruppe angesprochen wird. Manche amerikanischen News-Sites geizen mit Fotos besonders bei Artikelanrissen, obwohl die Teaser so viele Klickanreize wie möglich bieten sollten (Abb. 122). Reine Fotostrecken fehlen in manchen Angeboten ganz.

www. iht.com Abb. 122

Sparsam: Bei der *International Herald Tribune* findet man im gesamten Angebot fast nur das Foto des Topthemas.

Bildgrößen

Die Verwendung von Bildern stellt die Screendesigner vor die Frage, inwiefern festgelegte Bildgrößen auch am Screen ein Corporate Design unterstützen. Die Beschränkung auf zwei bis vier festgelegte Größen erscheint sinnvoll, da zu viele unterschiedliche Größen Unruhe in die Seiten bringen.

In Extra-Bereichen wie Bildergalerien, Bildern des Tages oder Bildreportagen, bei denen in der Regel mehr Zeit auf die Gestaltung verwendet wird, können natürlich auch andere Bildgrößen verwendet werden. In diesen Fällen werden häufiger selbst erstellte Fotos eingesetzt als bei aktuellen (Agentur-) Meldungen. Dies wird sich möglicherweise auf die Lokalberichterstattung ausweiten, wenn Online-Redaktionen in Zukunft personell und finanziell besser ausgestattet sein werden.

Fast alle News-Sites verwenden, ähnlich wie in einer gedruckten Zeitung, Fotos um den Leseanreiz des Users zu erhöhen. In der Regel wird für Artikelanriss und Artikel dasselbe Foto in jeweils unterschiedlichen Größen verwendet.

Da auf den meisten News-Sites Fotos von Nachrichtenagenturen verwendet werden, ist es umso wichtiger, sich durch prägnante Bildschnitte von anderen Angeboten abzugrenzen. Werden Inhalte samt Fotos automatisch in einen Bereich übernommen, wie dies häufig bei den so genannten News-Tickern geschieht, besteht kaum die Möglichkeit zur Veränderung. Der Aufwand würde nicht angemessen im Verhältnis zum Ergebnis stehen, da gerade die Tickermeldungen extrem kurzlebig sind. Nutzer, die sich ein separates Tickerfenster auf den Bildschirm rufen, wollen möglichst knapp und aktuell informiert werden, achten dabei weniger auf Gestaltung und Bildqualität.

Die Verwendung von Bildmaterial wird von der Technik stark beinflusst. Da die meisten News-Sites mithilfe eines Content Management Systems (CMS) verwaltet und bearbeitet werden, ist es wichtig, bei der Auswahl eines CMS die Möglichkeiten der Bildbearbeitung zu bedenken.

Die Konzepte der CMS sind sehr auf die Bedürfnisse textverarbeitender Benutzer zugeschnitten. Daher wird die Wichtigkeit von Bildmaterial oft unterschätzt oder sogar zu spät erkannt. Da Inhalte, wie bei einer gedruckten Zeitung, am wirksamsten mit Bildern beworben werden, sollte die Funktionalität des CMS unbedingt über die Zusammenstellung von Text und Bild hinausgehen. Eine flexible und qualititativ hochwertige Verwendung von Bildmaterial bei einer News-Site hängt eng mit den Möglichkeiten, die ein Content Management System bietet, zusammen.

www.nytimes.com Abb. 123a

Bildmaterial wird hier wie bei vielen nordamerikanischen News-Sites wohldosiert eingesetzt. Ausgewählte Bildausschnitte und haarlinienstarke schwarze Rahmen unterstreichen den dokumentarischen Charakter der Fotos.

www.rheinzeitung.de Abb. 123b

Ein Newsangebot, das eine objektive und seriöse Berichterstattung wie die einer Tageszeitung vermitteln will, sollte Bildmaterial wie in einer Tageszeitung einsetzen. Schatten unter Bildern passen eher zu einem Angebot mit Magazincharakter und nicht zu einer Tageszeitung.

Für News-Sites ist es durchaus schwierig, sich durch eine eigene Bildsprache von anderen News-Sites abzuheben. Dennoch sind Qualität und Bildauswahl entscheidend für den Gesamteindruck. Auch hier entwickeln sich die Nachrichten-Sites ständig weiter. Während unserer Untersuchungen zu diesem Buch führte die *New York Times* die Haarlinie als Umrahmung aller verwendeten Fotos ein. Außerdem reduzierte sie die verwendeten Bildgrößen auf maximal zwei Formate.

Das erste Format besitzt eine sich aus dem Spaltenmaß ergebende Breite (184 Pixel). Diese Bilder (1, Abb. 124b) können aber in der Höhe variiert werden. Zusätzlich wird nur noch ein kleines quadratisches Bildformat in immer derselben Größe (75 x 75 Pixel) verwendet (2, Abb. 124b).

www.nyt.com Abb. 124a, Stand 07/2002

Die *New York Times* verwendete zum Zeitpunkt unserer ersten Untersuchung 07/2002 für alle Bilder eine einheitliche Breite, die sich aus dem Spaltenmaß des Seitenrasters ergab. Die Bildhöhe wurde zum Teil variiert. Dabei wurde zusätzlich die Proportion des Quadrats in unterschiedlichen Größen verwendet (Abb. 124a). Auf die Verwendung von extremen Querformaten wurde ab 09/2002 weitgehend verzichtet.

Abb. 124b, Stand 10/2002

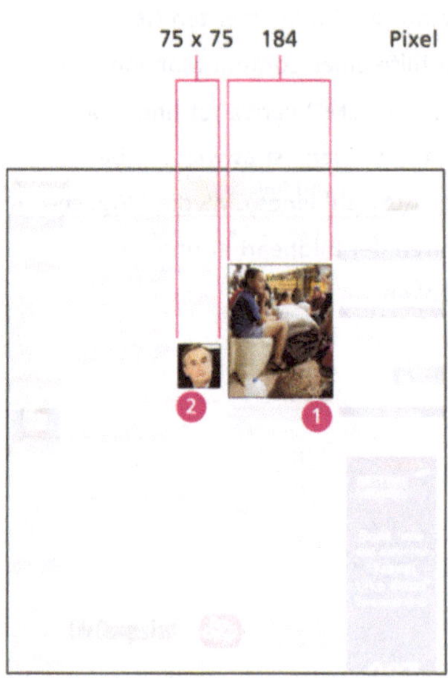

Die *Frankfurter Allgemeine Zeitung* (faz.net) verwendet ähnlich wie die *New York Times* zwei variable Bildgrößen (Abb. 125a). Während sie in der Breite (111 und 174 Pixel) festgelegt sind, kann die Höhe jeweils variieren.

In den Bildern selbst werden Symbole platziert, die auf multimediale Inhalte (Audio, Video; 1+2, Abb. 125b) hinweisen, oder zur Großansicht (Lupe; 3, Abb. 125b) des Fotos verlinken. Diese grafischen Elemente helfen, die Bilder dem Angebot von faz.net zuzuordnen. Da die Fotos im Dateiformat .jpg abgespeichert werden, leidet die Qualität der Icons erheblich, zumal die Typografie als geglätteter Font eingefügt ist.

www.faz.net Abb. 125a

111 174 Pixel

FAZ.NET

Abb. 125b

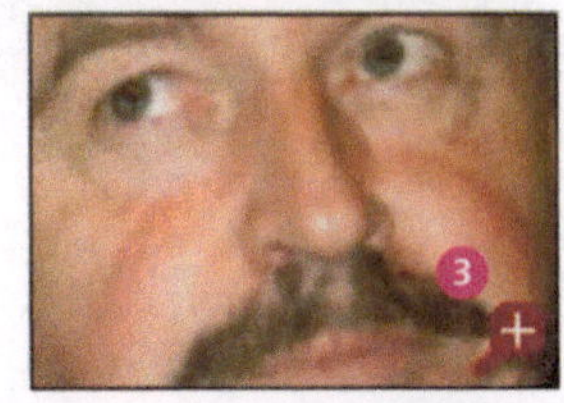

www.guardian.co.uk

Abb. 126a

Die Designer des britischen *Guardian* benutzen gekonnt gelungene Bildausschnitte in Verbindung mit abwechslungsreichen Farbflächen und Typografie für die Channelköpfe. Trotz der Vielzahl an unterschiedlichen Farben ergibt sich ein markanter Baustein der Guardian-News-Site.

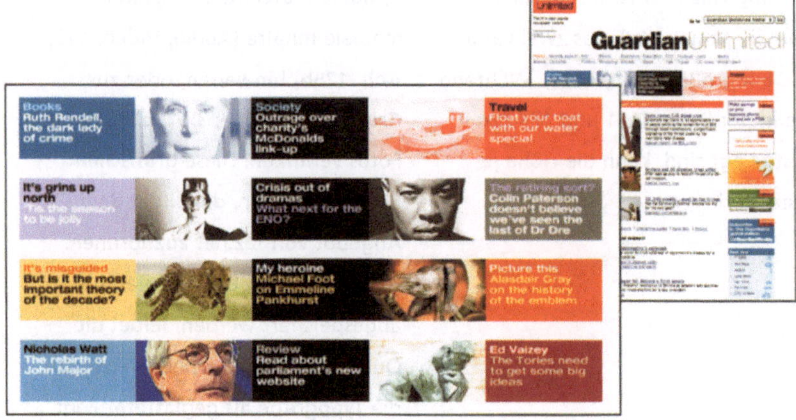

www.newsoftheworld.co.uk

Abb. 126b

Die bei anderen News-Sites normalerweise getrennten Bereiche wie Bildergalerien und Artikel sind hier oftmals auf einer Seite zusammengefügt. Auch dort werden die Fotos mit schwarzer Haarlinie umrahmt.

NEWS OF THE WORLD

THE REAL PRESS AWARDS 2002

NEWSPAPER OF THE YEAR

Voted No1 by the only judges who matter... our 10 million readers

HOME NEWS SHOWBIZ SPORT SMS

CONTACT US

NEWS

Harry knocked back vodka after vodka as partygoers snorted cocaine in the toilets

PRINCE Harry drank at least nine shots of vodka at a polo club—while revellers snorted lines of cocaine in the Gents.

News of the World investigators saw the 17-year-old consume six bottles of the alcopop Smirnoff Ice.

Each 275ml bottle of lemon-flavoured drink contains one and half single shots of vodka.

Harry held his drinking session on Friday night at the Beaufort Polo Club near his family home Highgrove in Tetbury, Gloucestershire.

As the thrash was in full swing, ***News of the World*** reporters found two traces of cocaine on a level surface behind the toilet in a cubicle in the men's toilet. Nothing was found in the ladies' loo.

Scientific tests later confirmed the presence of cocaine in the toilet sample and a discarded paper wrap found outside the club.

About 100 wealthy youngsters were in the club for a disco which ended at 1am yesterday. Prince William was also there, but he stayed only a short while and drank only mineral water.

Harry had turned up at the clubhouse shortly before 10pm, casually dressed in jeans and a blue sports jacket with Twelve Oaks emblazoned on the back.

Hugging

He arrived with a close chum and sat at a table in a dark corner with male and female friends.

08/2002

www.stern.de

Abb. 127a

Besondere Bildgrößen auf der Homepage helfen dem Benutzer einer News-Site, die Startseite von den Content-Seiten besser unterscheiden zu können.

09/2002

Abb. 127b

Im Zuge eines Soft-Relaunches 09/2002 entschied man sich für die Einführung des Datums und der Ausweitung der Bildleiste von Einzelmeldungen zu Meldungen mit assoziativen Links. Zu beachten ist hier auch die einheitliche Bildsprache der einzelnen Bilder. Während in Abb. 127a überwiegend Portraits verwendet werden, sind es hier mehrheitlich Personenfotos aus der Distanz.

10/2002

Abb. 127c

Schon bald (10/2002) entschied man sich, die Bilderleiste mit den Hauptthemen über die gesamte Seitenbreite auszudehnen. Effektiv können bei dieser Lösung aber nicht mehr Inhalte untergebracht werden als bei der Lösung vom Vormonat (Abb. 127b). Der bisherige Seitenkopf ist nun stark angewachsen und konkurriert deutlich mit den Inhalten der eigentlichen Seite. Die ursprünglich starke Aussage der akzentartigen Bilder geht bei dieser Lösung verloren.

Collagen

Da das Internet ein visuelles Medium ist, sind viele Webdesigner dazu verleitet, Bild- und Fotomaterial auch für die Gestaltung von Rubrikenköpfen und Content-Werbung zu verwenden. Der User soll dadurch schneller sehen und verstehen, was sich hinter einer Rubrik oder einem Link verbirgt. Diese collagenartigen grafischen Elemente sind aber kaum in ein Corporate Design zu integrieren, da sich Fotos nur schwer vereinheitlichen lassen. Unschöner Nebeneffekt von zuviel Bildmaterial ist, dass die Verwechslung mit Bannerwerbung wahrscheinlicher wird.

Das Webangebot soll sich einerseits vom Printmedium unterscheiden und nicht wie eine Tageszeitung zur Bleiwüste werden, andererseits wirkt zuviel Bildmaterial boulevardesk.

Die Entwicklung der letzten Jahre hat gezeigt, dass auch im Internet sparsam mit Bildern und Collagen umgegangen werden sollte. Der reduzierte Internetauftritt der *Süddeutschen* von 1997 (Abb. 128a) wurde abgelöst von einer Gestaltung, deren grafische Elemente vorwiegend aus Bildcollagen bestanden (Abb. 128b). Werbung und Content konnte zunehmend schwerer unterschieden werden. Im Jahr 2001 entschied man sich wieder für eine reduziertere Version mit einfachen Textlinks in der Navigation.

www.sueddeutsche.de Abb. 128a – c

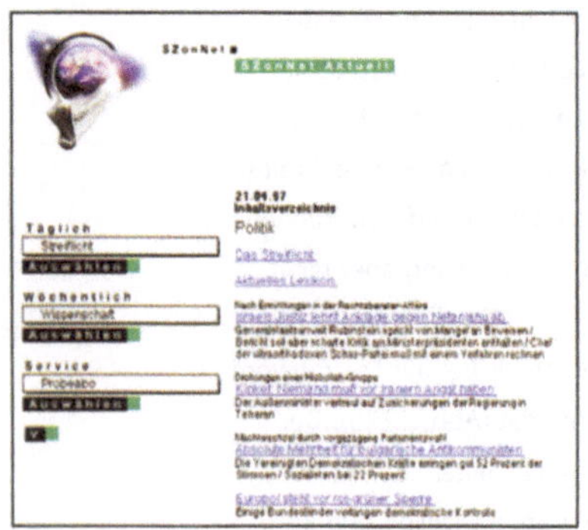

Abb. 128a Stand 1997

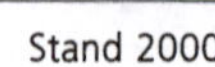

Abb. 128b Stand 2000

Abb. 128c Stand seit 2001

Aus Mangel an passendem Fotomaterial werden oftmals Collagen gestaltet. Die daraus resultierende Ästhetik erinnert bisweilen stark an die Bilderwelten in Tony Stone- oder Stock-Fotokatalogen. Die Verwendung von stark verändertem Fotomaterial kann beim User außerdem den Eindruck erwecken, es handele sich um eine unseriöse oder gar unprofessionelle Website.

Dadurch dass eine Fülle von sehr unterschiedlichem Content untergebracht werden muss, können Designer dazu verleitet werden, allzu unterschiedliche Designs zu verwenden. Mit der ständigen Weiterentwicklung und Erweiterung von News-Site Content müssen immer wieder grafische Formen hinzugenommen, modifiziert oder angepasst werden. Unter diesen Umständen eine klare grafische Linie durchzuhalten kann in der Tat sehr schwierig sein, gehört aber mit zu den wichtigsten Aufgaben des Screendesigners. Das uneinheitliche Corporate Design einer News-Site trägt dazu bei, dass der Benutzer es nicht als Einheit begreifen kann. Eine eindeutige Zuordnung zu einem Angebot, einer Marke, erfolgt durch ein durchgängiges Corporate Design.

www.handelsblatt.com

Abb. 129a

Um Inhalte zu bewerben, greift das *Handelsblatt* in die visuelle Trickkiste und gerät dabei grafisch in den Bereich des Dilettantismus. Eine News-Site, die mit harten Fakten arbeitet, sollte bei der Verwendung von Collagen darauf achten, dass diese in der Gestaltung durchgängig sind, eine visuelle Basis besitzen und gleichbleibende grafische Elemente verwendet werden.

www.guardian.co.uk

Abb. 129b

Wenn Collagen eingesetzt werden, sollten diese grafisch durchdacht und mit einem durchgängigen Stil versehen sein. Da Collagen leicht mit Werbung zu verwechseln sind, wurde hier ein Stil benutzt, der mithilfe von Farbe und Flächenaufteilung zu einer guten Wiedererkennung beiträgt.

Content-Werbung

Platzierung

Werbung innerhalb des eigenen Angebots für weitere Inhalte – im gleichen oder für andere Ressorts, gehört zu den sekundären Kommunikationseinheiten einer News-Site und kann an unterschiedlichen Positionen platziert werden.

Ein Nutzer, der auf der Homepage einer News-Site landet, will sich in der Regel kurz über die aktuelle Nachrichtenlage informieren. Oder er gelangt zufällig auf eine News-Site und hat gerade Zeit, das Angebot durchzusurfen.

In beiden Fällen wird man versuchen, den User so lange wie möglich auf dem eigenen Angebot zu halten. Da man nicht weiß, für welche Meldungen sich der jeweilige Leser interessiert, möchte man jede Gelegenheit wahrnehmen, um zu zeigen, was es an weiterem interessanten Content gibt. Links zu aktuellen Meldungen findet der Nutzer in der Regel unter Artikelanrissen oder in den Artikeln selbst. Die Wahrscheinlichkeit, dass ein User, der den Anriss oder den Artikel gelesen hat, sich noch für ähnliches interessiert, ist verhältnismäßig groß.

Im Seitenkopf (Oben)

Content-Werbung, die im Kopf der Seite platziert ist, nimmt neben dem Logo eine sehr wichtige Position ein. An dieser Stelle ist eine Verwechslung mit Fremdwerbung jedoch sehr wahrscheinlich, da diese exponierte Stelle lange Zeit den Werbeanzeigen vorbehalten war. Mit dem Rückgang von Werbekunden und auf der Suche nach neuen Vermarktungskonzepten wurde diese Position für Content-Teaser zunehmend frei.

Versierte User blenden diesen Bereich erfahrungsgemäß nahezu aus. Entscheidet man sich dennoch für die Position im Seitenkopf, so sollte die Eigenwerbung sehr stark mit dem Corporate Design der News-Site korrespondieren.

www.usatoday.com

Abb. 131a

Damit ein User den redaktionellen Teaser im Kopf der Site nicht mit Werbung verwechselt, ist dieser reduziert gestaltet. Bildrahmen und normaler verlinkter HTML-Text deuten auf einen Link zu einem Artikel hin.

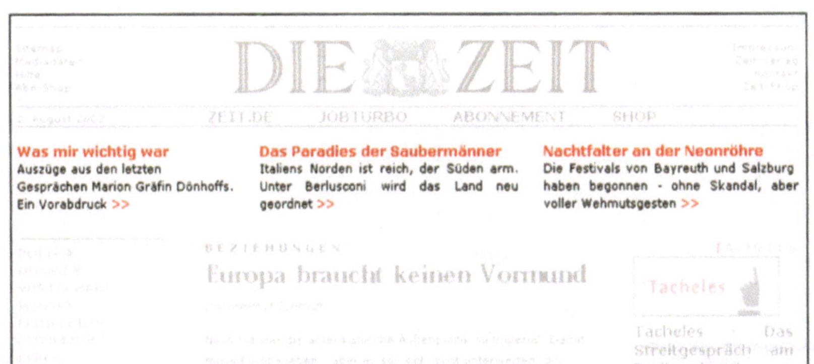

www.zeit.de

Abb. 131b

Die grafische Anlehnung an ein Zeitungslayout bietet hier den Vorteil, dass der Benutzer, da er mit dem Layout einer Tageszeitung vertraut ist, die redaktionelle Werbung im Seitenkopf als Artikelanrisse versteht.

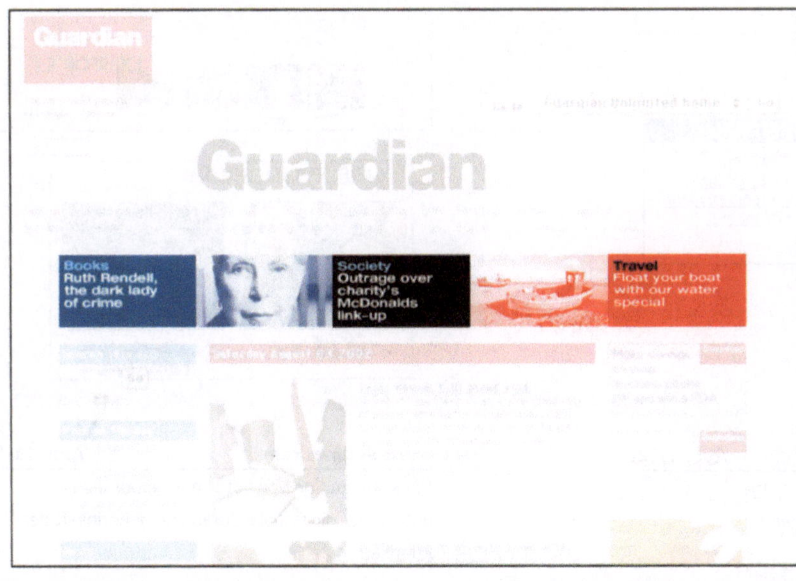

www.guardian.co.uk

Abb. 131c

Typografie, Farbe und Fotomaterial sind die drei prägnantesten grafischen Stilelemente, die ein Corporate Design ausmachen. Die gelungene Kombination aller drei schließt die Verwechslungsmöglichkeit mit Werbung nahezu aus.

Seitenmitte

Bei der Entscheidung, seine Eigenwerbung für weitere Inhalte in der Mitte der Homepage zu positionieren, sollte diese nicht außerhalb des sichtbaren Bereiches platziert sein. Dieser endet bei 600 Pixel vom oberen Bildschirmrand aus betrachtet. Da hier eine relativ breite Fläche zur Verfügung steht, ist die Unterteilung in einzelne Ressortblöcke sinnvoll (1, Abb. 132a).

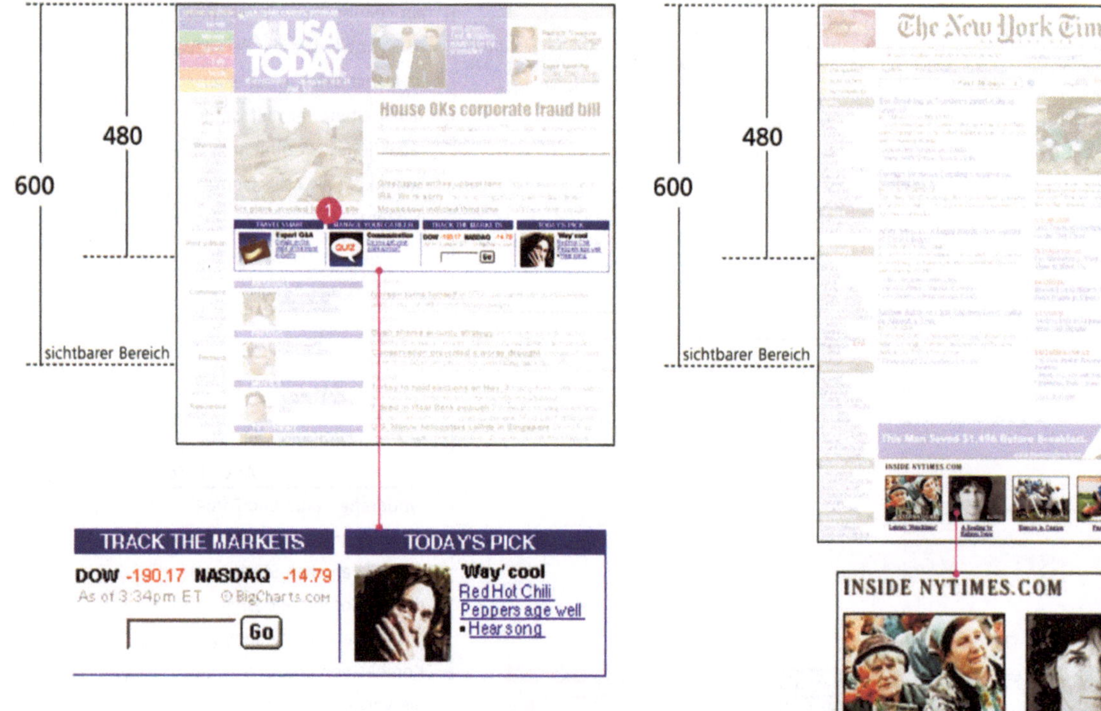

www.usatoday.com Abb. 132a

Die einfache Gestaltung der Homepage lässt sich leicht auf Eigenwerbung übertragen.

www.nytimes.com Abb. 132b

Die Kombination von Fotos mit Typografie unterstützt die visuelle Zusammengehörigkeit der Rubriken.

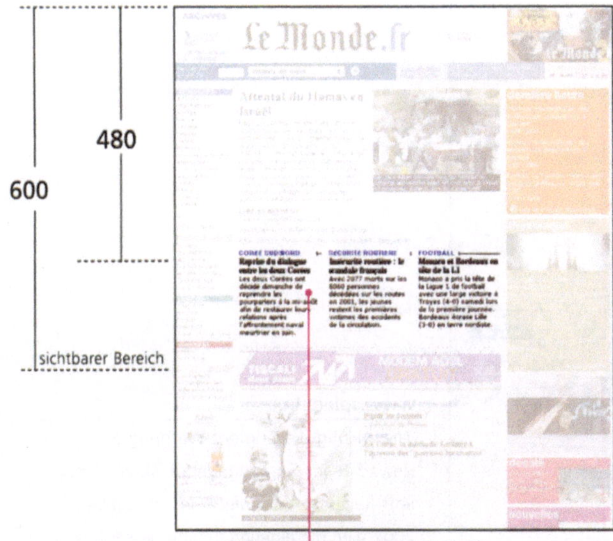

www.lemonde.fr Abb. 133

Verwendet man bei Zwischenwerbung kein Bildmaterial, ist die Zugehörigkeit zum Angebot offensichtlicher.

Rechts

Die häufigste Platzierung für Teaser ist rechts neben den eigentlichen Inhalten. Die rechte Spalte kann somit zu einer zweiten Navigationseinheit werden. Um den User nicht mit zwei Navigationen zu verwirren, sollte sie anders gestaltet sein und sich optisch der Hauptnavigation unterordnen.

www.spiegel.de Abb. 134a + b

Abb. 134a Stand 12/2001

Abb. 134b Stand 10/2002

www.spiegel.de

Wie wichtig die Content-Werbung einer News-Site im Gesamtangebot ist, zeigt der Soft-Relaunch des *Spiegel* im September 2002. Um die eigenen Inhalte besser bewerben zu können, hat man die Spalte für Eigenwerbung von ursprünglich 140 Pixel auf 205 Pixel verbreitert (1). Die dafür nötigen 65 Pixel erhielt man durch die Verschmälerung der linken Spalte (Primär-Navigation) um 20 Pixel (2). Zusätzlich wurden die Spaltenabstände minimiert. Die rechte Spalte wird durch eine vorwiegend graue Hintergrundfarbe zusätzlich stärker betont (3, Abb. 134b).

Wichtig ist die einheitliche Gestaltung von redaktionell sehr unterschiedlichen Inhalten. Neben Newsticker, Börsennews (Grafiken) und der Bewerbung gedruckter Inhalte benötigen Content-Werbe-Einheiten auch eine Kennzeichnung, die die Zuordnung zu den verschiedenen Ressorts kommuniziert.

www.lemonde.fr

Abb. 135

Obwohl die Content-Werbung in der rechten Spalte (1) gut als Einheit zu erkennen ist, fällt sie gestalterisch etwas aus dem restlichen Angebot heraus. Typografie und Farbwahl haben einen starken Magazin-Charakter und dominieren optisch die restlichen Inhalte auf der Homepage. Die Hauptnavigation auf der linken Seite wirkt dagegen sehr dezent.

Im Content

Eine weitere Möglichkeit, Werbung für andere Ressorts im sichtbaren Bereich anzubieten, ist, sie direkt im Contentbereich zu platzieren. Eine Eingliederung neben Artikelanrissen hat den Vorteil, dass sich die Teaser optimal in das Gesamterscheinungsbild einpassen lassen. Eine Verwechslung mit Fremdwerbung ist bei dieser Gestaltung kaum zu befürchten. In der Regel wird eine weitere Spalte eingeführt, die grafisch nicht mit der Hauptnavigation konkurriert.

Bei dem nachfolgenden Beispiel der NZZ (Abb. 137b) kann der User die Hauptnavigation in der linken Spalte (4) und die weiteren Meldungen im Contentbereich (1) auf den ersten Blick unterscheiden.

www.economist.com

Abb. 136

Sehr knappe Artikelanrisse und eine Vierspaltigkeit schaffen Platz für Teaser im Contentbereich.

03/2002 Abb. 137a

08/2002 Abb. 137b

www.nzz.ch

Abb. 137a + b

NZZ Online entschied sich, auf der Homepage ihres klar gestalteten und sehr übersichtlichen Angebotes weitere Meldungen der anderen Ressorts anzufeaturen und führte eine neue Spalte im Contentbereich ein (1). Gegenüber der alten Version (Abb. 137a) verzichtet man zugunsten der Teaser im Content auf die Fotos bei den beiden nachfolgenden Topmeldungen (2). Zusätzlich entschied man sich noch für eine horizontale Zwischenwerbungsleiste (3).

Content-Werbung lässt sich in drei Kategorien unterteilen:

1 Nur Bilddateien
2 Nur HTML-Text
3 Bild und HTML-Text

Grafisch reduzierte Content-Werbung, mit wenig Bilddateien, besitzt einen großen Vorteil gegenüber aufwändig gestalteter. Benutzer, die bei ihrem Browser das Laden von Bilddateien abgestellt haben (um eine bessere Downloadzeit zu erzielen und Werbebanner auszuschalten), sehen dennoch Textlinks und können Inhalte dennoch finden (s. Tabelle S. 145). Die Aufgabe des Screendesigners ist es, reduzierte und dennoch zum Corporate Design passende Content-Werbung zu gestalten. Zudem sollten das Konzept flexibel sein, damit sehr unterschiedliche Inhalte beworben werden können.

www.faz.net

Schlüssel zur grafischen Einheit und Hauptunterscheidungsmerkmal zwischen Print- und Online-Content-Teasern sind die roten (Online) und blaugrau gestreiften (Print) Balken mit geglätteter Headline.

www.netzeitung.de

» ALTPAPIER

Kolumne

» WERBE-ZUKUNFT

Serie

» TERROR-KRIEG

Spezial

» DEADLINE

Kolumne

» NAHOST

Spezial

» KLIMAWANDEL

Spezial

Die bildlastigen Ressortköpfe der Netzeitung haben als gemeinsames Element den transparenten, corporate-spezifischen Farbbalken.

www.nettavisen.no

Aus dieser norwegischen News-Site ging die Netzeitung ursprünglich hervor. Die Briefmarken beider Angebote sind immer noch sehr ähnlich, obwohl die Angebote inzwischen nicht mehr zum selben Konzern gehören.

www.sueddeutsche.de

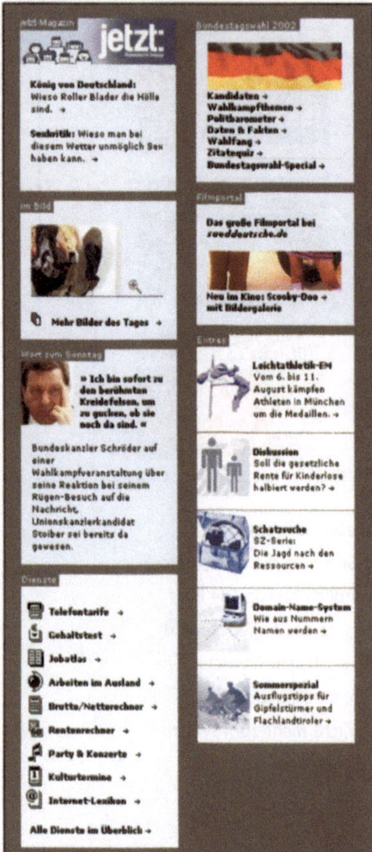

www.ftd.de

Stand 07/2002 **Stand 09/2002**

Weder nahezu beliebige Bildformate noch die unterschiedlichen Bildstile können die starke Einheit dieser Content-Werbung schwächen.

Ähnlich wie bei sueddeutsche.de unterscheiden sich die Briefmarken kaum durch unterschiedliche Farben, sondern in erster Linie durch den Inhalt. Ein leichtes Redesign reduzierte 09/2002 die äußere Form auf bloße Rechtecke.

www.spiegel.de

BUNDESTAGSWAHL 2002 ▸▸

- **SPIEGEL ONLINE Chart:** Wer holte welchen Wahlkreis?

- **Endergebnis:** Prozente und Sitze

DAS BILD DES TAGES ▸▸

Rodeo down under

FOTOSTRECKEN

- **Rückblende:** Der Anschlag, die Trümmer, der Schock

- **Bundesliga 7. Spieltag:** Treten ohne Unterlass
- **Milliardärs-Ranking:** So jung, so reich
- **Formel 1:** Die misslungene Inszenierung

SPIEGEL TV ▸▸

- **MAGAZIN**
  - Die grüne Wiederauferstehung
  - Flugzeugträger "Lincoln" auf Angriffskurs
  - Am Rande des Abgrunds
- **Sendetermin:** Sonntag, 29. September, 22.30 - 23.15 Uhr, RTL

Gleiche Bildgrößen und eine einheitliche Platzierung der Bilder in der Briefmarke helfen, die Content-Werbung trotz der unterschiedlichen Inhalte als solche zu erkennen.

www.economist.com

Economist Intelligence Unit
onlinestore

RESEARCH TOOLS
Articles by subject
Backgrounders
Surveys
Style guide
Internet guide
Business database

PRINT EDITION

Full contents
Subscriptions

GLOBAL EXECUTIVE
Executive thinking, business education and more. Click here
A JOINT PROJECT WITH
Whitehead Mann

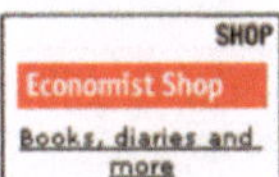

CLASSIFIEDS
Business education, recruitment, business and personal: click here

ABOUT US
Economist.com
The Economist
Global Agenda
Contact us
Advertising info

Auch hier resultiert die Prägnanz aus der Schlichtheit.

http://news.bbc.co.uk

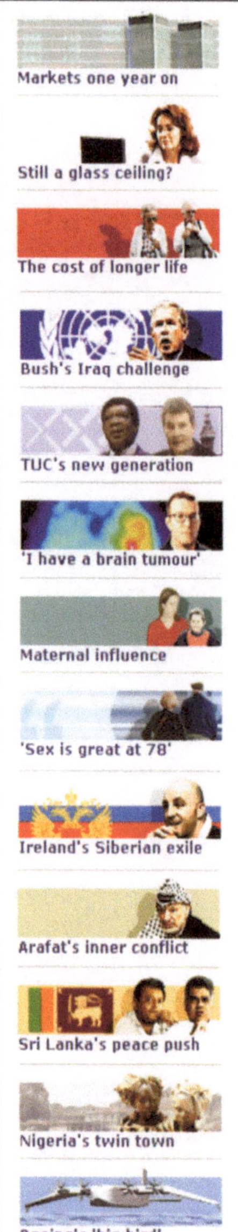

Der starke Charakter dieser Briefmarken auf den Sites der BBC entsteht durch die Kombination der farbigen Fläche mit Bildelementen, die aus der eigentlichen Fläche herausragen. Die Verbindung zu der dahinterliegenden Fläche wird durch den Schattenwurf hergestellt. Gestaltungs- und redaktioneller Aufwand sind hier vergleichsweise hoch, da Bildauswahl und -bearbeitung, grafischer Aufwand sowie das Texten der einzeiligen Headline nicht automatisiert werden können.

www.nzz.ch

www.lanacion.ar

Die lineamentartige Oberflächenstruktur, Typografie und das Pfeilelement sind hier die verbindenden Stilelemente, die trotz einer sehr unterschiedlichen Bildauswahl die Content-Werbung als Einheit erkennen lassen.

www.stern.de

Sehr viel Platz verwendet der *Stern* für seine Bild-Text-Kombinationen. Der beworbene Inhalt wird in erster Linie über die Fotos kommuniziert. Gute Bildkomposition sowie qualitatitv hochwertige Fotos fallen hier auf.

www.tagesanzeiger.ch

www.handelsblatt.com

In diesem Fall sind die acht Blöcke kaum als grafische Einheit zu identifizieren. Bildmaterial und Art der Collagen sind zu unterschiedlich. Bei keiner der einzelnen Briefmarken sind grafische Elemente oder Formen zu erkennen, die auf eine grafische Einheit oder ein Corporate Design schließen lassen.

Normal	Nur HTML-Text
Märkte Börsen am Morgen: Gewinner verzweifelt gesucht Artikel Optionsscheine: Ende des Neuen Marktes schafft Unruhe Artikel Weitere Berichte Windows Börsenticker abrufen	Märkte Börsen am Morgen: Gewinner verzweifelt gesucht Artikel Optionsscheine: Ende des Neuen Marktes schafft Unruhe Artikel Weitere Berichte Windows Börsenticker abrufen
RESEARCH TOOLS Articles by subject Backgrounders Surveys Style guide Internet guide Business database	Articles by subject Backgrounders Surveys Style guide Internet guide Business database
BUNDESTAGSWAHL 2002 ›› SPIEGEL ONLINE Chart: Wer holte welchen Wahlkreis? Endergebnis: Prozente und Sitze	BUNDESTAGSWAHL 2002 ›› SPIEGEL ONLINE Chart: Wer holte welchen Wahlkreis? Endergebnis: Prozente und Sitze
BILD DES TAGES Gedenken an tote Polizisten	BILD DES TAGES Gedenken an tote Polizisten
Das Expo.02-Special Die Stephan-Müller-Séance an der Expo	Das Expo.02-Special Die Stephan-Müller-Séance an der Expo
INMUEBLES nuevos clasificados	
Bush's Iraq challenge	Bush's Iraq challenge
Schwimm-EM 25. Juli - 4. August	
Computer Terroropfer: Das Medium Internet steht nach dem 11.9. unter Druck. » mehr	Terroropfer: Das Medium Internet steht nach dem 11.9. unter Druck. » mehr

Normal

Content-Werbung im Originalzustand.

Nur HTML-Text

Content-Werbung, die ohne Bilddateien geladen wird.

Börsenkurven

Eine der wenigen bei News-Sites vorkommenden Infografiken sind Börsenkurven. Da die hohe Aktualität bei dieser Art von Infografik sehr gut zum Gesamtkonzept einer News-Site passt, findet man diese bei nahezu jeder News-Site.

Die hohe Informationsdichte eines Börsencharts sowie deren Gestaltung auf kleinstem Raum erschweren die Anpassung an ein Corporate Design. Dennoch lässt sich die Mehrzahl dieser Beispiele leicht den jeweiligen News-Sites zuordnen. Auch hier spielt die Corporate Colour eine wichtige Rolle.

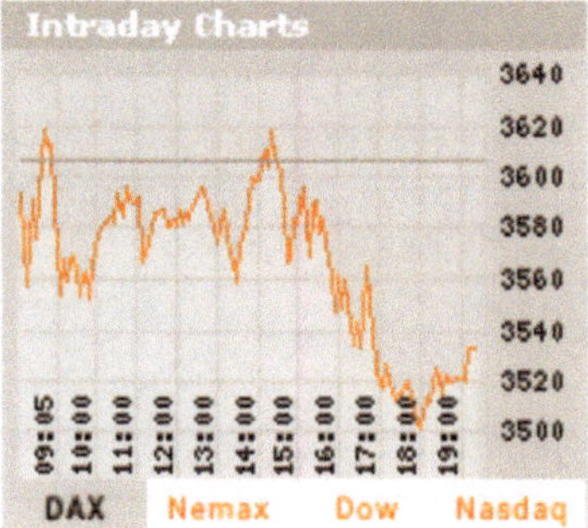

www.handelsblatt.de

www.nytimes.com

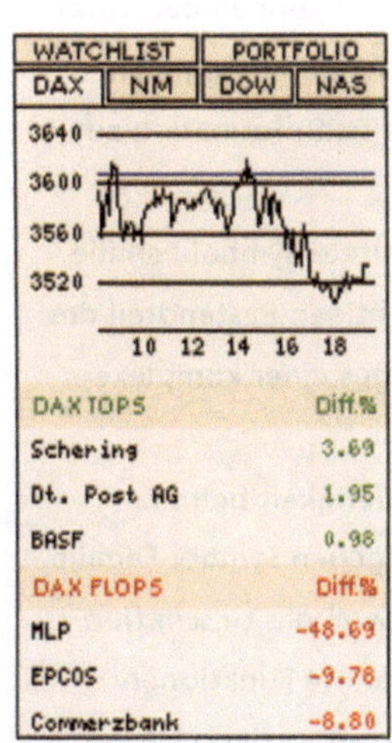

www.ftd.de

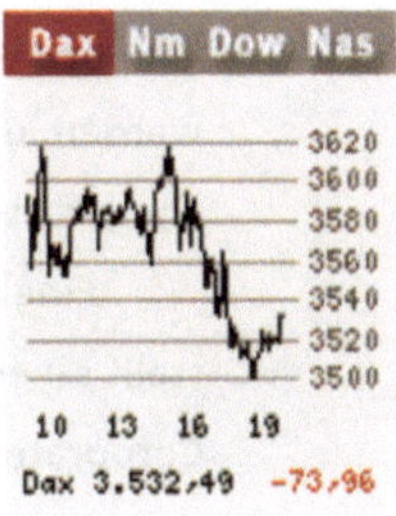

www.faz.net

www.netzeitung.de

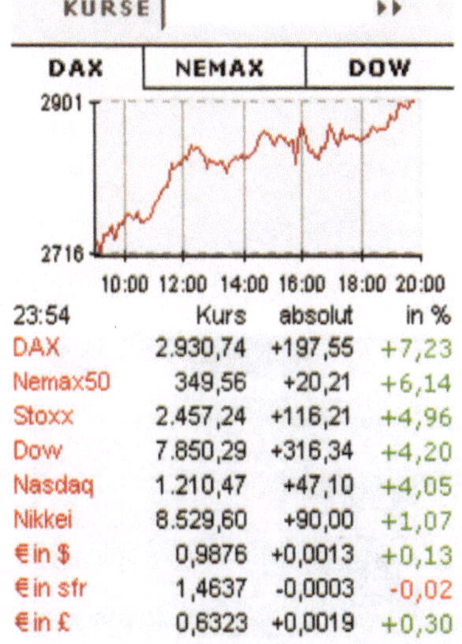

23:54	Kurs	absolut	in %
DAX	2.930,74	+197,55	+7,23
Nemax50	349,56	+20,21	+6,14
Stoxx	2.457,24	+116,21	+4,96
Dow	7.850,29	+316,34	+4,20
Nasdaq	1.210,47	+47,10	+4,05
Nikkei	8.529,60	+90,00	+1,07
€ in $	0,9876	+0,0013	+0,13
€ in sfr	1,4637	-0,0003	-0,02
€ in £	0,6323	+0,0019	+0,30

www.spiegel.de

Symbole

Ein sehr häufig verwendetes Symbol im Internet ist der Pfeil. Mit dem Pfeil wird, obwohl der virtuelle Raum nicht linear ist, eine lineare Navigationsmöglichkeit suggeriert. Klickt der User auf einen Pfeil, erhofft er sich davon, an den gewünschten Ort gebracht zu werden. Um das Vertrauen der User zu erlangen, sollte das Pfeilelement grafisch zum Gesamterscheinungsbild des Angebotes passen.

Visualisierung von Links

Besonders das Navigieren innerhalb einer Site erfordert es, unterschiedliche Links visuell besser zu kennzeichnen (Abb. 148). Der User muss erkennen können, wohin oder zu welcher Art von Information ihn der Link führt. Mithilfe einer visuellen Symbolsprache können den Links Zusatzinformationen mitgegeben werden, die als Textinformation zu komplex wären.

Eine gestaltete Symbol-Familie stellt einen wichtigen Bestandteil des Corporate Designs einer komplexen Website dar.

Eine Schwierigkeit beim Entwerfen einer eigenen Symbol-Familie besteht darin, Symbole zu schaffen, die bereits bekannte Funktionen visualisieren, sich aber dennoch von existierenden Symbolen abgrenzen. Der gestalterische Stil sollte sich der Funkionalität unterordnen. Erschwerend kommt hinzu, dass die Symbole in der Regel sehr klein sein müssen, um hinter einem Link platziert werden zu können.

www.derstandard.at

Abb. 148

Die identische Kennzeichnung von internen und externen Links ist problematisch.

Damit die Benutzung des Internets mit seinen Informationsangeboten so einfach wie möglich ist, predigen Usability-Experten die standardisierte Kennzeichnung von Links. In den Browsern ist blau als Standard eingestellt, lila kennzeichnet bereits besuchte Links. Die angewachsene Komplexität der zusammenhängenden Informationen und ihre unterschiedliche Beschaffenheit erfordern jedoch eine Weiterentwicklung der Navigationsmöglichkeiten, deren Linkdarstellungsformen über die bisherigen weit hinaus gehen muss.

Eine differenziertere Auszeichnung der Ziele und Eigenschaften von Links kann helfen, die komplexe Struktur des Informationsraums von News-Sites besser zu verstehen.

Folgende Parameter sind unterscheidbar:

1. Aktueller Zustand des Links

a. noch nicht besucht
b. aktiv
c. bereits besucht

2. Ziel des Links

a. Link auf Artikel
   (evtl. in neuem Fenster)
b. Link/Hinweis auf Bild/
   Bildergalerie
b. Link auf Audioartikel
   (evtl. in neuem Fenster)
c. Link auf Video
   (evtl. in neuem Fenster)
d. Link auf .pdf
e. Link auf Flash
   (evtl. in neuem Fenster)
f. externer Link
g. Artikel als Mail versenden
h. Artikel ausdrucken

Eigenschaften des Links

a. Größe der verknüpften
   Information
b. Dauer der Aufnahme der
   Information (1, Abb. 149b)
c. Benötigte Technik zur
   Verarbeitung der Information

www.timesonline.co.uk Abb. 149a

Einen Kompromiss bei der Darstellung von Links stellt diese Lösung dar. Während für den normalen Link eine zum Angebot passende Farbe verwendet wird, benutzt man die Link-Standardfarbe Blau für den Rollover (1).

www.clarin.com Abb. 149b

Eine originelle Zusatzinformation zu den Artikelanrissen bietet diese argentinische News-Site. Der Nutzer wird vorab über die für das Lesen des Artikels veranschlagte Zeit informiert.

	Symbole im Vergleich								
							Artikel		
	Special	Bild	Audio	Video	Meinung	Flash	mailen	ausdrucken	mehr zum Thema
BBC News http://news.bbc.co.uk									
El Mundo www.elmundo.es									
Star Tribune www.startribune.com									
WNBC www.wnbc.com					Umfrage				
Stuttgarter Zeitung online www.stuttgarter-zeitung.de									
La Nacion www.lanacion.com.ar					Umfrage				
New York Times www.nyt.com									
Netzeitung www.netzeitung.de									
Salon www.salon.com									
The Age www.theage.com.au									
Zollernalbkurier www.zollernalbkurier.de									
News.com.au www.news.com.au									
Handelsblatt www.handelsblatt.de									
La Tercera www.tercera.cl									
Wired News www.wired.com									

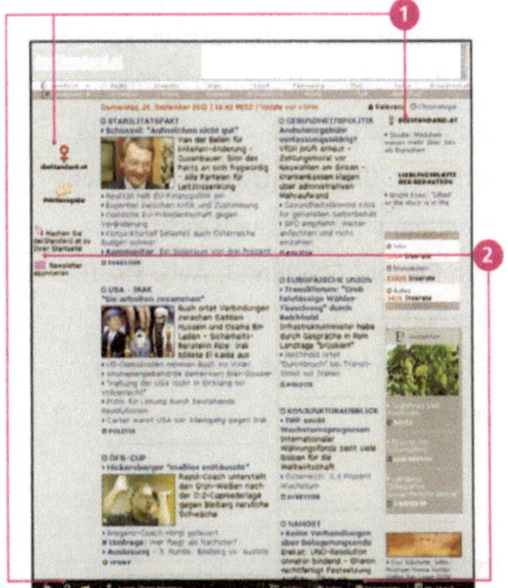

Abb. 151a

www.derstandard.at

Die Komplexität dieser News-Site scheint eine unterschiedliche Gestaltung der einzelnen Symbole zu erforden. Dennoch sind zu große Abweichungen in Stil und Semiotik schlecht für ein einheitliches Corporate Design. Die zu unterschiedliche Gestaltung ist für den Benutzer besonders verwirrend, wenn die verschiedenen Zeichensysteme auf der Homepage aufeinanderprallen und miteinander konkurrieren (1+2, Abb. 151a). Fraglich ist auch, ob eine derart unterschiedliche Farbgebung der verschiedenen Symbole sinnvoll ist (3, Abb. 151b).

Abb. 151b

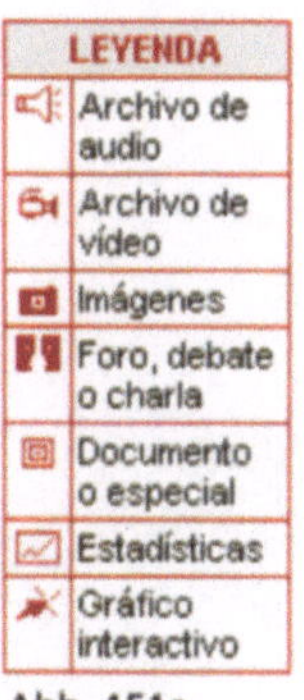

LEYENDA
Archivo de audio
Archivo de vídeo
Imágenes
Foro, debate o charla
Documento o especial
Estadísticas
Gráfico interactivo

Abb. 151c

Abb. 151d

www.elmundo.es Abb. 151c

www.timesonline.co.uk Abb. 151d

Verwendet eine Site eine größere Zahl an Icons, ist es von Vorteil, wenn diese auch an geeigneter Stelle erklärt werden.

Abb. 152a

Abb. 152b

Abb. 152c

Um auch ältere Artikel im komplexen Angebot von *Spiegel Online* besser erreichen zu können, werden Artikel zu einem bestimmten Thema mit thematischen Icons gekennzeichnet (Abb. 152a). Aufgrund ihrer Komplexität lassen sich diese besser als Themenbilder oder Key Visuals (Schlüsselbilder) bezeichnen. Diese buttonartigen Bilder kennzeichnen die Zugehörigkeit eines Artikels zu einer bestimmten Rubrik (1, Abb. 152b, mobile business) und sind gleichzeitig mit einer Übersichtsseite verlinkt, auf der alle zu diesem Thema bisher erschienenen Artikel zu finden sind (Abb. 152c). Diese interessante Art der Navigation innerhalb einer Site ist für den Nutzer nur hilfreich, wenn dieser die Link-Funktion der sehr unterschiedlich gestalteten Bilder oder Buttons erkennt. Falls gerade kein Artikel mit entsprechendem Button geschaltet ist, findet der Nutzer die Übersichtsseite nicht.

Zwar existieren in der rechten Spalte bei der Content-Werbung oftmals zusätzliche Links (2, Abb. 152d), die auf diese Übsersichtsseiten verlinken, sie stimmen aber visuell nicht mit den Buttons überein (3, Abb. 152d). Der Nutzer kann nicht erkennen, dass beide Links auf dieselbe Seite verlinken.

Abb. 152d

Die einzigen festgelegten grafischen Standards im Internet sind derzeit Aufklapplisten, Checkboxen, Radiobuttons und Eingabefelder. Das ähnliche Aussehen dieser Bedienelemente erleichtert die Navigation im Internet und hilft dem Benutzer, sich auf fremden Internetseiten schnell zurechtzufinden. Daher sollten diese Standards nicht in anderen Zusammenhängen eingesetzt werden. Eine Aufklappliste klappt beim Anklicken auf und ein Radiobutton wird beim Anklicken aktiviert.

Die bei der News-Site der *Südwestpresse* (www.suedwest-aktiv.de) verwendete Codierung »In der Region« (1, Abb. 153) ist in höchstem Maße irreführend, da eine Aufklappliste abgebildet wird, die jedoch nur eine verlinkte Bilddatei ist. Der Erwartungshaltung des Nutzers, der hinter der Aufklappliste eine Funktion vermutet, wird nicht entsprochen. Die Bilddatei darüber »In Land & Welt« und die Ressortübersicht (2) schaffen zudem keine Klarheit über die Struktur der Site.

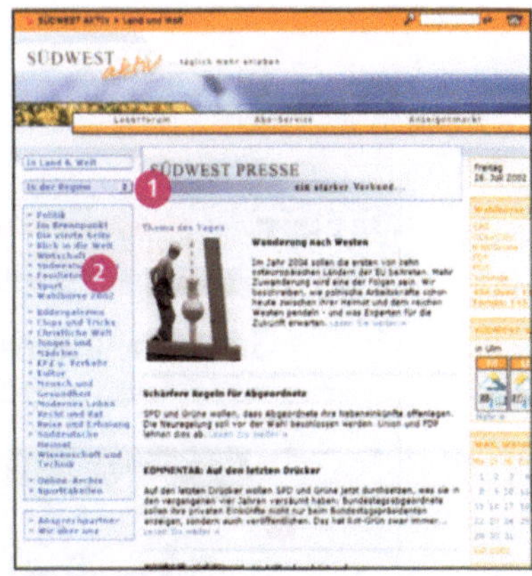

Abb. 153

Kennzeichnung von Bezahlinhalten

Auch die fortgeschrittene Trennung der Inhalte in Gratis- und Bezahlinhalte erfordert eine Weiterentwicklung der visuellen Sprache von Verknüpfungen. Ein Link, der auf einen Artikel oder eine Information verweist, bei der es sich um einen Bezahlinhalt handelt, sollte deutlich gekennzeichnet sein. User, die nicht bereit sind, für Informationen zu bezahlen, können sich dann diesen einen Klick sparen.

Abb. 154b Stand 09/2002

Abb. 154a

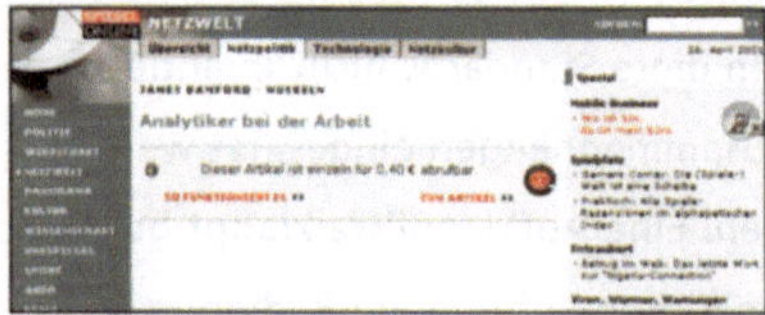

Abb. 154c

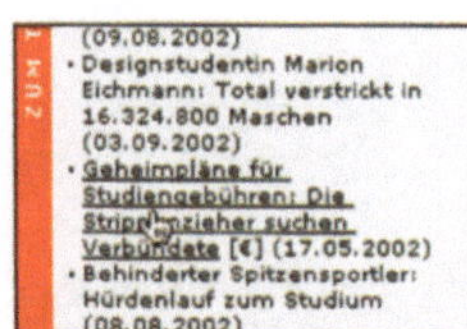

Abb. 154d Stand 10/2002

www.faz.de

Dezent, aber unmissverständlich kennzeichnet die *Frankfurter Allgemeine* ihre Bezahlinhalte (1).

www.spiegel.de

Bezahlinhalte wurden bis 09/2002 beim Spiegel nicht gekennzeichnet (1, Abb. 154b). Der Benutzer tappte praktisch jedes Mal in eine Sackgasse (Abb. 154c). Da der User für jeden Klick mit seiner Zeit und Online-Gebühren bezahlt, kann dies auf Dauer Nutzer vertreiben. Seit 10/2002 werden Bezahlinhalte zum Teil gekennzeichnet.

	Symbole		
	Bezahlcontent	Registrierpflicht	gratis
Economist www.economist.com			
FAZ.NET www.faz.de			
Financial Times www.ft.com		S	
Irish Times www.irishtimes.com			free
Salon www.salon.com			
Spiegel www.spiegel.de	[€]		

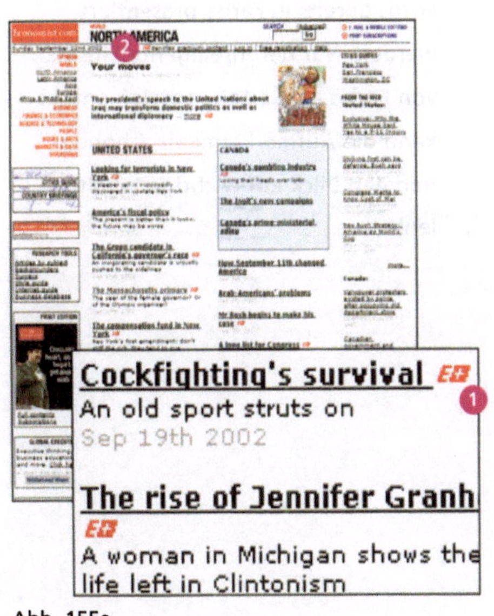

Abb. 155a

www.economist.com

Da hier ein eigenes Zeichen entwickelt wurde (1), ist es sinnvoll, dies dem Benutzer zunächst zu erklären (2).

Farbe

Forschungsstudien haben bewiesen, dass Farbe in Printmedien die Aufmerksamkeit um 32 Prozent erhöht und 25 Prozent mehr zum Lesen eines Artikels animiert. Weitere Forschungen hätten gezeigt, dass gedruckte Werbeanzeigen in Farbe zu 36 Prozent besser aufgenommen würden als Anzeigen in schwarzweiß [8].

Das Stilmittel Farbe wird in gedruckten Medien in erster Linie dazu eingesetzt, Aufmerksamkeit zu erregen. Aber erst die Relation von Farbe zu schwarzweiß ermöglicht es, mit Farbe die Aufmerksamkeit zu erhöhen. Das Design ist neben dem Faktor Farbe für die erfolgreiche Rezeption verantwortlich.

Ebenso verhält es sich mit der Wirkung von Farbe im Internet. Der bloße Einsatz von Farbe reicht nicht aus, da Werbung und die meisten Fotos bereits in Farbe präsentiert werden. Nur der intelligente Einsatz von Farbe als Gestaltungselement kann die Aufmerksamkeit erhöhen und den Blick auf wichtige Inhalte lenken.

Die Farbe von Nachrichten

Die Farbgebung einer News-Site sollte – wie bei anderen Websites auch – durch den Inhalt bestimmt werden. Welche Farbe jedoch haben Nachrichten? Welche Farbtöne werden mit Nachrichten assoziiert? Die Farbgebung von Nachrichten war bislang durch die Technik bestimmt. Da Farbe lange Zeit einen nicht unerheblichen Kostenfaktor bei einer gedruckten Zeitung darstellte, hatten Nachrichten eine schwarzweiße Anmutung.

Fotos wirken schwarzweiß dokumentarischer als in Farbe. Kriegsbilder beispielsweise sind schwarzweiß weniger emotional aufgeladen und dadurch für den Betrachter leichter zu konsumieren als Farbfotos. Die Kraft von Schwarzweißfotos rührt nicht zuletzt daher, dass sie mit dem stärksten Kontrast arbeiten.

www.faz.de Abb. 157a + b

Die Umwandlung in Graustufen (Abb. 157b) zeigt, dass diese Version im Internet nur schwer vorstellbar ist. Obwohl schwarzweiß am ehesten der Zeitungsmetapher entsprechen würde.

Abb. 157a, Original

Abb. 157b, in Graustufen umgewandelt

Im Web ist der Einsatz von Farbe weder mit technischen Schwierigkeiten verbunden, noch stellt er einen Kostenfaktor dar.

Dies bedeutet, dass Farbe für nahezu jedes grafische Element eingesetzt werden kann, angefangen bei der Corporate-Farbe der News-Site über Fotos bis zu sämtlichen Gestaltungselementen.

Aus diesem Umstand resultiert die Gefahr, mit Farbe überfrachtete News-Sites zu produzieren. Die Rückbesinnung auf den Schwarzweißkontrast ist oft das einzige Mittel, um eine Topmeldung zu betonen.

www.thesun.co.uk

Abb. 158

Um Topmeldungen gegenüber den anderen Inhalten noch hervorheben zu können, muss auch die Sun zum Schwarzweißkontrast greifen (1).

Corporate Colours

Für ein durchgängiges und dennoch flexibles Erscheinungsbild ist es hilfreich, sich auf zwei Corporate-Farben festzulegen. Unterscheiden könnte man diese in aktive und passive Corporate Colours.

Aktiv

Die aktive Farbe kann entweder ausschlaggebend für den Gesamtfarbton sein (Blau, faz.net; Grau, sueddeutsche.de), oder die Corporate Colour des Print-Pendants sein (Rot, spiegel.de). Channelköpfe (1, Abb. 159), Headlines und Links werden überwiegend mit der aktiven Corporate Colour gestaltet.

Passiv

Die passive Corporate Colour kann dazu dienen, das Gesamterscheinungsbild zu unterstützen, indem die aktive Farbe kontrastiert wird ohne mit ihr zu konkurrieren (Grau, stuttgarter-zeitung.de). Neben Content-Teasern, Links und Icons können auch strukturierende Elemente (Linien, Balken) mit der zweiten Corporate Colour gestaltet sein.

www.faz.net Abb. 159

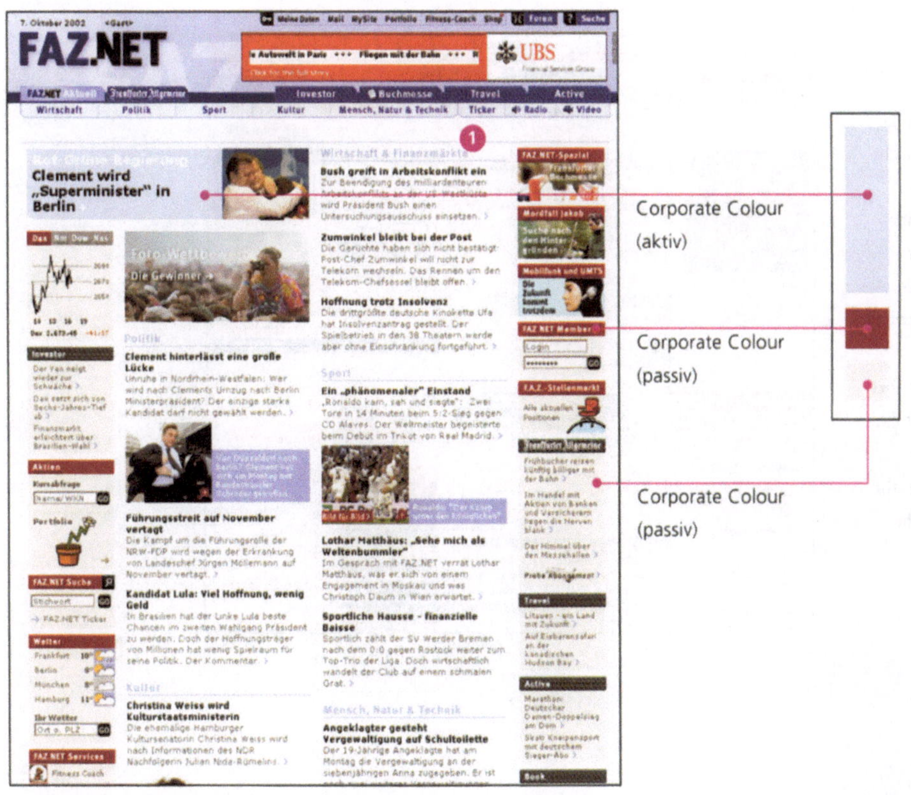

www.mlb.is

Bei dieser isländischen News-Site wird als einzige Corporate Colour blau verwendet. Eine zweite Corporate Colour würde helfen, die Site von anderen blauen Websites besser abzuheben.

www.jpost.com

Eine Corporate Colour, die nur für einzelne Elemente (Links, Headlines, Linien), aber nicht für Flächen oder flächige Gestaltungselemente eingesetzt wird, kann sich nur schwer gegen site-fremde bunte Elemente wie Werbung durchsetzen. Da rot hier zudem in erster Linie für Text eingesetzt wird, entsteht ein sehr unruhiges Bild. Der Benutzer tut sich schwer, für ihn interessante Inhalte herauszupicken.

Um sich als Marke für Nachrichten im Online-News-Bereich zu platzieren, setzen News-Angebote auf sehr unterschiedliche Farben. Von den hier untersuchten Sites verwenden 32 Prozent blau, 14 Prozent wählten rot und 7 Prozent grün als Corporate Farbe.

Farbverteilung der aktiven Corporate Colour bei News-Sites

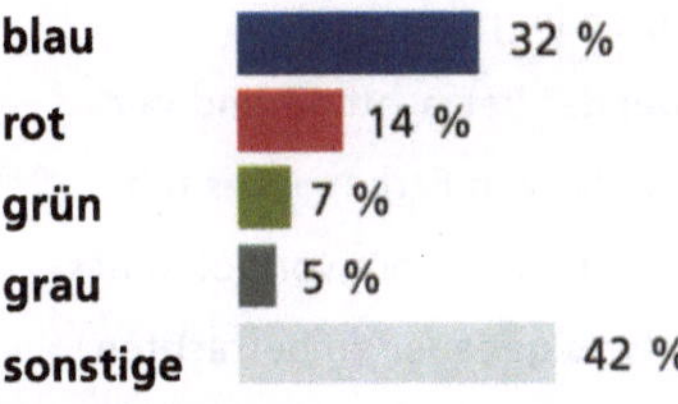

Bei dieser Untersuchung wurden 68 News-Sites aus der ganzen Welt einbezogen.
Stand 09/2002

Corporate Colour (aktiv)

Blau

Die Farbe Blau scheint die Farbe für Nachrichten zu sein. Nicht nur im Internet, sondern auch im Fernsehen ist blau mit Nachrichten eng verknüpft. *Tagesschau* und *heute* verwenden beide blau, was nicht zuletzt durch die Technik (Blue Screen) bedingt ist.

Bei der Betrachtung und der Beurteilung von Farben ist es hilfreich, die Farbenlehre von Johannes Itten etwas genauer zu betrachten.

Die Farbe Blau wird bei Itten im materiell Räumlichen gegenüber Rot zwar als passiv betrachtet, vom geistig Raumlosen aus aber wirkt Blau aktiv und Rot passiv. Das Blau gilt als introvertiert und den Nerven zugeordnet, während Rot mit Blut in Verbindung gebracht wird.
Des Weiteren verkörpert Blau für Itten ein ungreifbares Nichts, das doch gegenwärtig ist wie die Atmosphäre [9].

Betrachtet man die unten abgebildeten News-Sites, die nach Farbintensität geordnet sind, fällt auf, dass je dunkler das Blau ausfällt, desto seröser die Wirkung ist.

162a

162b

162c

Ein weiterer Grund für die Häufigkeit blauer News-Sites könnte auch die standardisierte Auszeichnung von Internet-Links sein. Blau gilt als Standard bei der Kennzeichnung von Links und ist als Standardeinstellung bei den meisten Browsern festgelegt. Entscheidet sich eine News-Site dafür, ihre Links standardgemäß mit Blau zu kennzeichnen, entsteht zwangsläufig ein blaulastiges Erscheinungsbild, da die Seiten meist aus einer Vielzahl verlinkter Überschriften bestehen.

Die Kombination von Blau mit anderen Farben ist nicht sehr einfach, daher bieten sich in erster Linie weitere Blautöne zur Gestaltung an. Die einzige Möglichkeit, eine weitere andere Farbe mit Blau zu kombinieren besteht darin, das Blau entweder mit einem wärmeren oder kälteren Farbton zu mischen. Entscheidet man sich für einen wärmeren Farbton (Abb. 162a, Reuters.com), lässt sich eine Farbe aus dem warmen Farbspektrum als zweite Farbe verwenden. Bei diesem Beispiel wurde Blau mit Rot zu einem wärmeren Blau gemischt. Orange lässt sich somit als zweite Farbe verwenden.

163a

163b

163c

Rot

Im Vergleich zu Blau wird Rot mit dem Wissen, dass es die intensivste Farbe des Farbkreises ist, dezenter eingesetzt. Betrachtet man die unten abgebildeten Beispiele, die nach Farbmenge geordnet sind, fällt auf, dass Rot seltener als Blau für ganze Flächen eingesetzt wird. Generell ist es von Vorteil, nicht zu viele unterschiedliche Gestaltungselemente mit derselben Farbe zu belegen, da durch die unterschiedlichen Platzierungen auf der Seite eher ein unstrukturiertes Erscheinungsbild entsteht (Abb. 165b).

Diese Gefahr besteht auch, wenn man Rot als Linkfarbe wählt. Da Rot als Signalfarbe immer heraussticht, erzeugen die Textlinks wegen der immer unterschiedlichen Länge und Platzierung Unruhe.

Ein Vergleich der beiden Angebote von Le Figaro (Abb. 164a) und dem der Sun (Abb. 158) zeigt deutlich, dass die unterschiedliche Verwendung der Farbe Rot (Menge, Verwendung der Corporate-Farbe für ein paar wenige Elemente) Einfluss auf die Wahrnehmung des Angebots als seriös oder unseriös hat.

164a

164b

164c

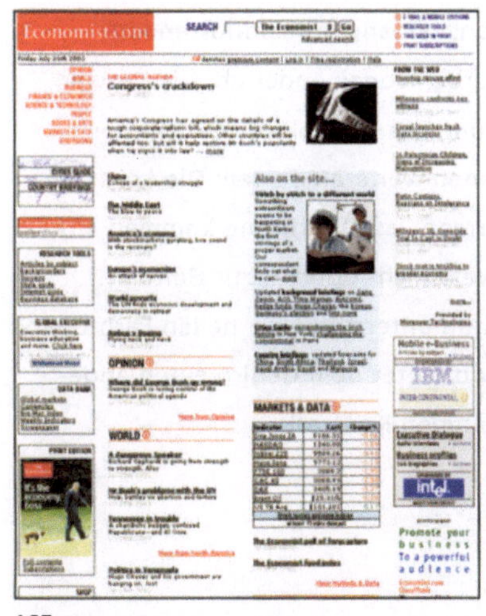
165a

165b

165c

Corporate Colour (passiv)

Grau

Schwierigkeiten bei der Gestaltung eines Farbsystems für eine News-Site mit Print-Pendant kann das Vorhandensein einer Corporate Colour bereiten.

Die Corporate-Farbe der *Stuttgarter Zeitung* ist Gelb. Demzufolge taucht die Farbe Gelb auch im Online-Logo auf. Da die unterschiedlichen Channels der News-Site sowohl aus Push- und Pull-Content bestehen wie Online-News, Inhalte der gedruckten Zeitung, Veranstaltungen und Anzeigenmärkte, ist ein Abgrenzen dieser Bereiche mithilfe unterschiedlicher Farben sinnvoll.

Dies unterscheidet sich also von der Verwendung unterschiedlicher Farben für Ressorts wie News, Wirtschaft, Sport oder Kultur, da Datenbanken mit Pull-Content eine andere Funktionalität haben (s. S. 169ff.).

Die verwendeten Farben besitzen alle einen ähnlichen Farbklang. Die Pastellfarbtöne unterwerfen sich durch den reduzierten Kontrast dem Gesamtdesign, ohne es auseinanderzubrechen.

Damit eine Konkurrenz der Corporate-Farbe und der Channelfarben vermieden wird, ist es hilfreich, die Corporate-Farbe im Logo durch eine neutralisierende Farbe (passive Corporate Colour) zu isolieren. Eine neutrale Farbe grenzt die sonst einander beeinflussenden Farben voneinander ab. Die Verwendung des Dunkelgrau besitzt noch einen weiteren Vorteil: Die kontrastarmen Pastellfarbtöne kommen auf Weiß nicht optimal zur Geltung. Grau unterstützt die hellen Farbtöne und bietet dem Gehirn einen angenehmen Kontrast.

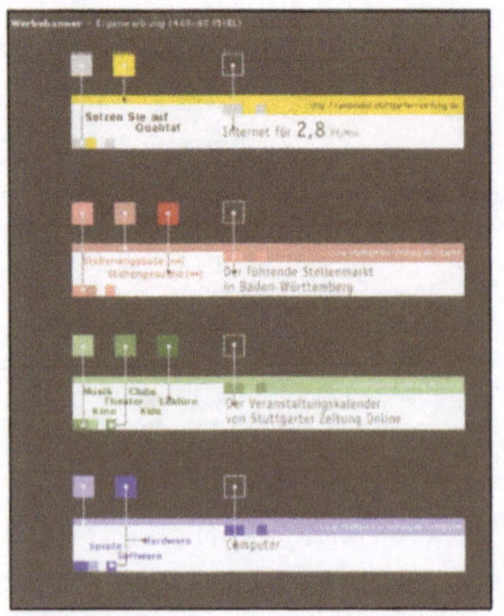

Werbebanner Abb. 166

Das ausgearbeitete Farbkonzept erleichtert die Gestaltung von zusätzlichen Kommunikationsmitteln wie Werbebannern.

Unser Gehirn versucht permanent, Kontraste zu entdecken. Dabei wird nach Gleichartigkeit und Verschiedenartigkeit sortiert, um Unterscheidungskriterien zu finden. Die Selektion nach Gleichartigem und Verschiedenartigem ist die ständige Suche nach Ordnung.

Mithilfe von Kontrasten kann das Gehirn feinere und genauere Differenzierungen treffen, um den Überblick zu behalten. Hell-Dunkel-Kontraste und Farb-Kontraste werden durch den zusätzlichen Kontrast der Gleichheit und Ungleichheit, der Gleichartigkeit und Verschiedenartigkeit ergänzt [10].

Die graue Fläche verbindet die Elemente im Seitenkopf und hilft, diesen mit seinen unterschiedlichen Funktionen als Einheit darzustellen (Abb.167b).

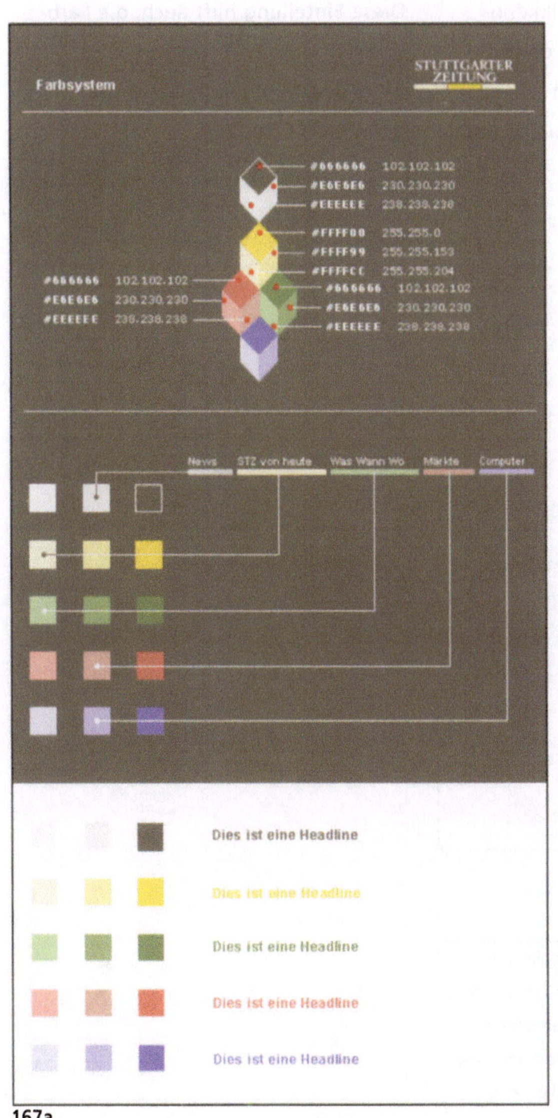

167a

167b

Farbsysteme

Das Stilmittel Farbe wird im Screendesign häufig dazu benutzt, unterschiedliche Bereiche einer Site besser gegeneinander abzugrenzen. Bei den unten abgebildeten Beispielen werden Farben zur Strukturierung der Inhalte nur auf der Homepage verwendet. In den jeweiligen Rubriken werden die Farben dann nicht mehr zur Rubrikkennzeichnung eingesetzt. Bei dieser Form ist es treffender, von einem Farbsystem als einem Farbleitsystem zu sprechen.

Eindeutiger begründet ist eine unterschiedliche Farbgebung bei Bereichen, die sich nicht nur rein thematisch voneinander unterscheiden (Politik, Wirtschaft etc.), sondern redaktionell andere Inhalte bieten und sich dadurch funktionell unterscheiden (Anzeigenmärkte, Shop, Veranstaltungen, Kino). Indiz für diese Bereiche ist zusätzlich die unterschiedliche Bedienung der Inhalte. Diese Einteilung hilft auch, die Farbstruktur eines Farbleitsystems zu reduzieren. Folgende Unterscheidung bietet sich an:

Abb. 168a

www.diewelt.de

Die drei Farben Blau, Grün und Rot werden hier nur in der Primär-Navigation zur Kennzeichnung der inhaltlich verwandten Bereiche verwendet.

Abb. 168b

www.elmundo.es

Auch hier dienen die unterschiedlichen Farben in der Primär-Navigation dazu, die Strukturierung der einzelnen Bereiche auf der Homepage zu kommunizieren. Im jeweiligen Content-Bereich werden die Farben nicht weiter verwendet.

Push-Content

Inhalte, die dem Nutzer präsentiert und ständig aktualisiert werden, können als Push-Content bezeichnet werden. Der Nutzer konsumiert diese Inhalte auf einer überwiegend passiven Ebene. Dies ist in den klassischen Ressorts wie Aktuelles, Politik, Wirtschaft, Kultur etc. der Fall.

Pull-Content

In diesen Bereichen bekommt der User beim Anklicken eines Links eine Vielzahl an unterschiedlichen Informationen. In der Regel hat er aktiv eine Abfrage nach Inhalten wie Anzeigen oder Veranstaltungstipps aus einer Datenbank gestartet. Diese besondere Art der nicht linearen Navigation trifft für Bereiche wie Anzeigenmärkte, Shops oder Veranstaltungsdatenbanken zu.

Die Begriffe Push und Pull sind von der Push-Technologie abgeleitet, aber nicht mit diesen zu verwechseln. Pull steht hier im Zusammenhang für die individualisierte Kommunikationsform, da der Nutzer selbst entscheidet, welche und wie viele Informationen er erhalten möchte. Push steht für eine automatische Übermittlung der Inhalte vom Server zum Client. Daten abonnierter Channels (Kanäle) werden ohne Zutun des Lesers an dessen Client (Browser) regelmäßig übertragen [11].

Abb. 169a Stand 08/2002

Abb. 169b Stand 10/2002

Abb. 169c

www.worldnews.com

Die sehr komplexe Sammlung an globalen News bei Worldnews.com bot bis August 2002 noch eine sehr schwer zu überblickende Sammlung an Inhalten (1).

Bei einem kleineren Redesign entschied man sich, die Inhalte mithilfe eines Farbsystems besser zu strukturieren (2).

Da die entsprechenden Bereiche dann aber nicht mehr die Farben der Primär-Navigation der Homepage aufnehmen, kann nicht von einem vollständigen Farbleitsystem gesprochen werden.

Raster

Die Anordnung der verschiedenen Kommunikationseinheiten einer News-Site, auf der Homepage und den Contentpages, erfordert ein variables System an Unterteilungen. Anzahl, Größe und Proportion dieser Unterteilungen bestimmen die Eigenschaften der Fläche [12]. Die Wechselwirkung zwischen Information und Fläche ist besonders bei komplexen Websites wichtig, damit der Nutzer die Informations-Hierarchie erkennen kann.

Die schematischen Rasterdarstellungen diverser Homepages verdeutlichen die Informations-Hierarchie der jeweiligen Kommunikationseinheiten. Die unterschiedlichen Platzierungen der Topthemen sowie die Anordnung der weiteren Rubriken im sichtbaren Bereich haben offensichtlich Auswirkungen auf das Klickverhalten der Nutzer. Je nach Erfahrung der News-Site-Designer wird versucht, Anordnung und Verteilung der Inhalte immer weiter zu optimieren.

www.faz.net Abb. 170

Die auf den ersten Blick klare optische Struktur dieser Ressort-Startseite (Sport) überfordert den Benutzer, da die einzelnen Flächen zu gleichwertig gewichtet sind.

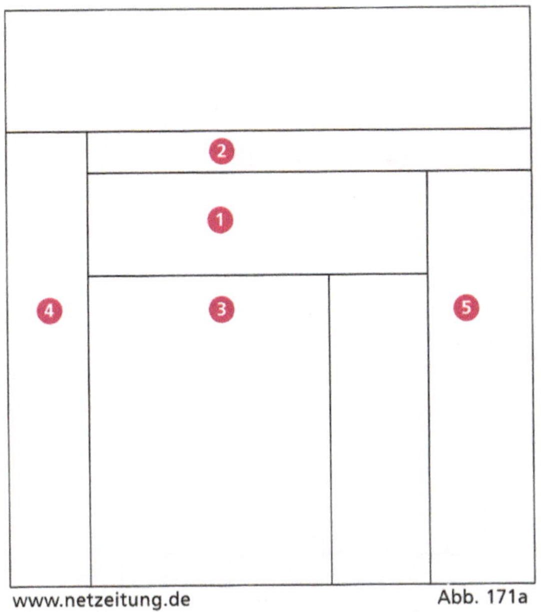

www.netzeitung.de Abb. 171a

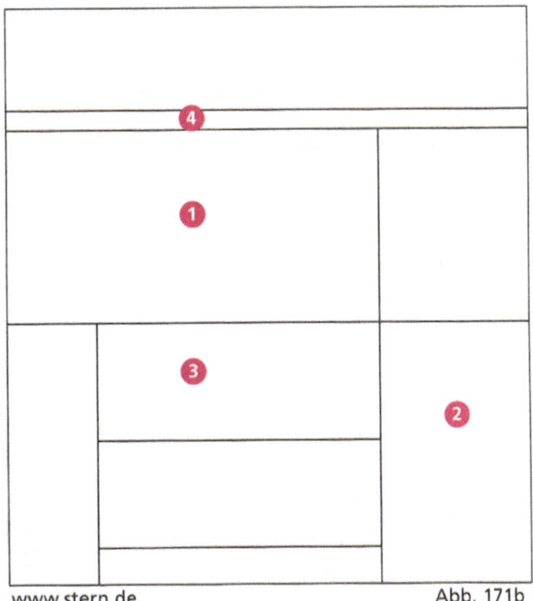

www.stern.de Abb. 171b

Das Topthema (1) der *Netzeitung* ist so positioniert, dass alle weiteren Inhalte konzentrisch angeordnet sind. Direkt über dem Topthema sind weitere Content-Teaser (2) platziert. Artikelanrisse (3) befinden sich unter dem Topthema, während die Primär-Navigation (4) und weitere Artikellinks (5) sich auf die äußeren Spalten verteilen.

Die Homepage des *Stern* wird von mehreren Topthemen (1) dominiert. Die zusätzlichen großen Content-Teaser (2) locken den Benutzer tiefer ins Angebot. Die Rubriken mit Artikelanrissen (3) unter den Topthemen scheinen eine untergeordnete Rolle zu spielen, während die Primär-Navigation (4) in den Seitenkopf integriert ist.

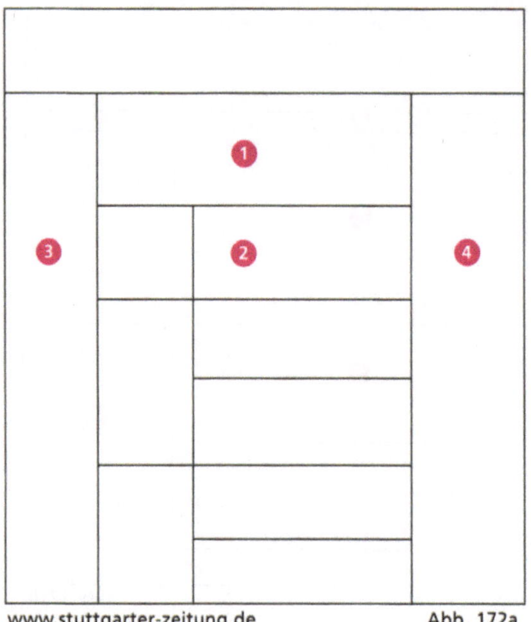

www.stuttgarter-zeitung.de Abb. 172a

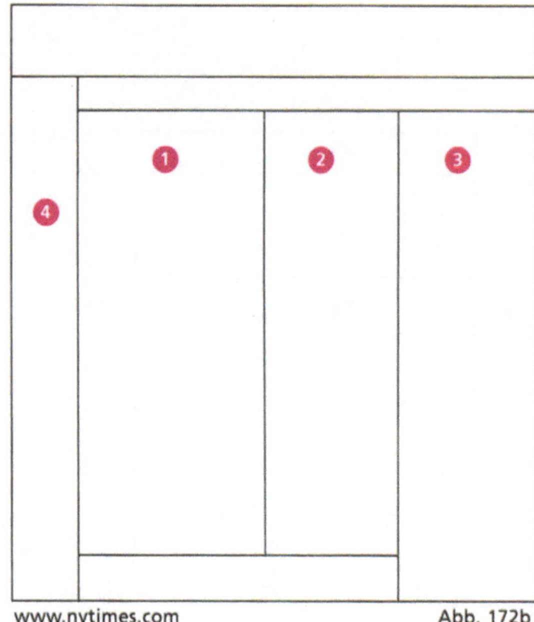

www.nytimes.com Abb. 172b

Der sehr ausgeglichene Raster von *Stuttgarter Zeitung* online positioniert das Topthema (1) über den restlichen Rubriken (2) zwischen Primär-Navigation (3) und der Spalte für Content-Teaser (4).

Die Homepage der *New York Times* unterteilt ihre unterschiedlichen Inhalte in vertikale Spalten. Die Inhalte der Homepage sind so vielfältiger, da der Benutzer die diversen Rubriken alle gleichwertig im sichtbaren Bereich erfassen kann, ohne scrollen zu müssen. Das Topthema (1) wird ohne ein Foto nur durch seine Position betont, darunter sind nahezu gleichwertige Artikelanrisse weiterer Themen. Ein Foto betont die Spalte mit den weiteren Rubriken (2). Drittwichtigste Spalte ist die mit weiteren Content-Teasern (3). Die Primär-Navigation (4) ist sehr klein gehalten, was darauf hinweisen kann, dass davon ausgegangen wird, dass die Mehrzahl der Benutzer hauptsächlich über die Teaser der Site navigiert.

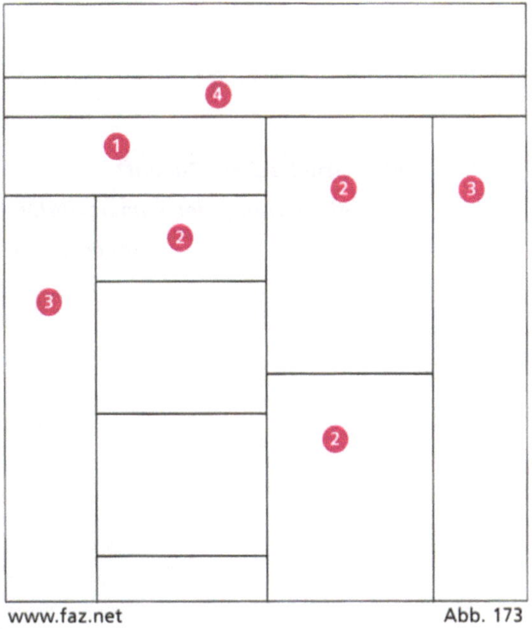

www.faz.net Abb. 173

Die aktuelle Seite der *Frankfurter Allgemeinen Zeitung* verwendet unklare Hierarchien auf ihrer Homepage. Das Topthema (1) ist zwar oben positioniert, das Verhältnis zu den restlichen Inhalten wie Artikelanrisse und Ressortübersichten (2) ist jedoch nicht klar erkennbar. Durch die Position der Primär-Navigation (4) im Seitenkopf kann eine große Menge an Content-Teasern (3) in den äußeren Spalten platziert werden.

Das starke Gleichgewicht und dadurch die unklare Hiercharchie der Inhalte findet seine Fortsetzung auf den Ressortstartseiten (Abb. 170).

4

»Der Schlüssel zur Zukunft:
die Beherrschung der Komplexität.«

Joël de Rosnay

Navigation

Bevor wir den Vorgang des Navigierens genauer betrachten, ist es sinnvoll zu definieren, welche Formen der Navigation es gibt, da es auf einer News-Site viele unterschiedliche Navigationsmöglichkeiten geben kann. Bei einer News-Site treten zwei Formen von Navigation in Erscheinung. Eine Primär-Navigation und eine Sekundär-Navigation. Diese Hauptkategorien sollten nochmals untergliedert werden (siehe links).

Primär-Navigation
Verbindung zu Rubriken und Unterrubriken

Sekundär-Navigation
Kontextnavigation
> See-also-Links
> Assoziative Links
> Teaser

Suchfunktion
> Direkte Auswahl eines Inhaltes

Sitemap
> Übersicht auf einen Blick über das ganze Angebot

Um die Wichtigkeit der Navigation besser verstehen zu können, betrachten wir den Vorgang des Navigierens auf einer News-Site etwas genauer:

1. Der User gelangt auf die Homepage einer News-Site.
2. Er verschafft sich einen Überblick.
3. Er orientiert sich am Zustand der Primär-Navigation.
4. Er trifft seine Entscheidung für einen weiterführenden Link.
5. Er klickt.
6. Das Angebot verschwindet komplett.
7. Das Angebot baut sich neu auf.
8. Der User muss sich neu orientieren.

Die Gefahr, dass der User die Orientierung verliert, liegt bei den Punkten 6. und 7. des hier beschriebenen Ablaufs. Die Tatsache, dass das gesamte Angebot einer Site nach jedem Klick komplett verschwindet und sich dann wieder neu aufbaut, zwingt den User dazu, sich immer wieder neu zu orientieren. Die Navigation und mit ihr das gesamte Angebot lösen sich für kurze Zeit scheinbar auf. Dies bedeutet sowohl einen Zeit- als auch Orientierungsverlust. Kaum vorstellbar, dass dies ständig bei unserem gewohnten Computerinterface passieren würde. Beim Apple Desktop Interface bestanden die Interface-Designer auf immer gleich platzierten und fast permanent sichtbaren grafischen Elementen (Menübalken, Fensterrahmen etc.), um dem User das Gefühl von Beständigkeit zu vermitteln.

User-Tests am Computer zeigten, dass das Verschwinden des Menübalkens bei erfahrenen wie unerfahrenen Usern zu Orientierungsverlust führte. Die Tatsache, dass dem User das primäre Navigationselement entzogen wird führte zu Desorientierung und zu Frustration [13].

Bei News-Sites ist je nach Qualität der Navigation der Orientierungsverlust wieder wettzumachen oder nicht. Auch wenn sich die Mehrzahl der User mit dieser technischen Notwendigkeit scheinbar abgefunden hat, ist er aus Usability-Sicht nicht dauerhaft hinzunehmen.

Das Angebot der *International Herald Tribune* (www.iht.com) verhindert zumindest beim Scrollen das Verschwinden der Primär-Navigation. Der Menübalken wandert mit, während man nach unten scrollt und platziert sich immer automatisch am oberen Fensterrand (2, Abb. 192b).

Der Startvorgang eines Computers – eine technische Notwendigkeit – zwingt den Benutzer zu einer Wartepause. Apple führte zur Überbrückung der Wartezeit erstmals einen Startbildschirm ein (Abb. 179a) und später den Ruhezustand. Das »Willkommen«-Bild begrüßt den Nutzer und ein sogenannter »Progress Bar«, der die verbleibende Zeit des Startvorgangs anzeigt, ersetzt die für den Nutzer ohnehin sinnlosen Commandlines (Abb. 179b). Jef Raskin fordert in seinem Buch »The Humane Interface« die konsequente Anpassung von Computerinterfaces an die physischen und psychischen Bedürfnisse des Menschen [4]. Technische Notwendigkeiten können durch Kenntnisse der menschlichen Psychologie mithilfe ähnlicher Tricks wie die oben beschriebenen umgangen oder kaschiert werden.

Das Problem ständiger Neuorientierung kann mit der Frame-Technik umgangen werden. Dabei werden verschiedene HTML-Seiten in einem Browserfenster angezeigt. Leider hat diese Technik diverse andere Nachteile wie Probleme mit Suchmaschinen und längere Downloadzeiten. Daher wird diese Technik kaum noch für News-Sites verwendet.

Eine bessere Lösung könnte darin bestehen, dem User die Möglichkeit anzubieten, Artikel in einem neuen Fenster zu öffnen (1, 178a + b). Per Klick auf ein spezielles Icon könnte der User so selbst entscheiden, ob sich die gesamte Seite ständig neu lädt. Diese Form wird teilweise schon eingesetzt, wenn sich Bildergalerien oder Flash-Specials in so genannten Satelliten oder aufspringenden Javascript-Fenstern öffnen.

Abb. 178a

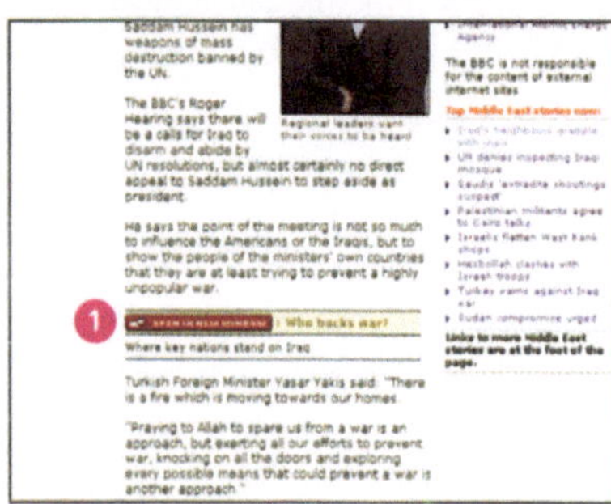

Abb. 178b

http://news.bbc.co.uk

Abb. 178a

Abb. 178b

Auf der News-Site der BBC werden sich öffnende Javascript-Fenster deutlich markiert (1, 178a + b). Der Benutzer erkennt schon vor einem Klick, dass sich ein extra Browserfenster öffnen wird.

Abb. 179a

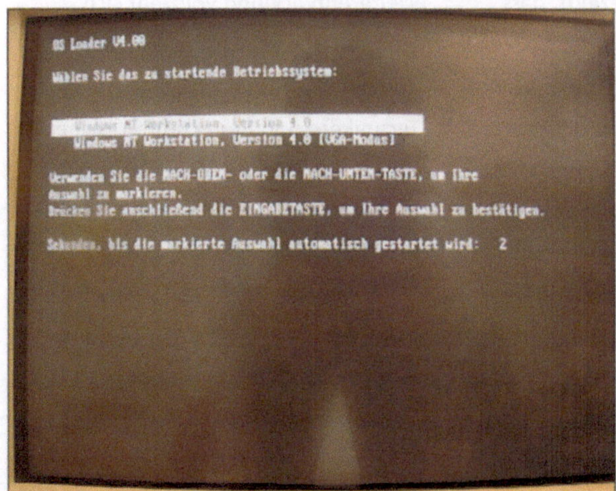

Abb. 179b

Platzierung von Navigation

Betrachtet man die Platzierung der Primär-Navigation auf News-Sites, stellt man fest, dass sich die Angebote stark ähneln. Trotz unterschiedlicher Funktionalitäten wird die Primär-Navigation bei den hier untersuchten News-Sites zu 70 Prozent ganz links im Angebot platziert. Bei einer Untersuchung von E-Commerce Sites hat sich gezeigt, dass User das Navigationskonzept bekannterer Websites wie beispielsweise das von Amazon.com akzeptieren und dieses beim Besuch anderer Sites derselben Warengruppe sogar erwarten [14]. Demzufolge wären also News-Sites im Vorteil, die den Benutzern bekannte Nutzungsschemata anbieten und dadurch das Konsumieren von Information erleichtern würden.

Dennoch sollte dies noch nicht als normative Richtlinie für News-Sites gelten, da die Entwicklung innovativer Navigationskonzepte im Internet noch Chancen auf Verbreitung und Durchsetzung hat.

Navigation, wie wir sie momentan im Internet vorfinden, ordnet sich zu stark der Technik unter. Die Weiterentwicklung vollzieht sich langsam und Schritt für Schritt in Zusammenarbeit von Designern, Technikern und Redakteuren. Sicher sind News-Sites mit ihrer hohen User-Frequenz und der sehr breiten Zielgruppe nicht unbedingt geeignet, um Experimente mit außergewöhnlichen Navigationskonzepten durchzuführen. Allerdings bietet sich die Möglichkeit, Trends zu setzen und durchdachte Lösungen einer großen Öffentlichkeit zu präsentieren.

Main-Top

22% der hier untersuchten News-Sites platzieren ihre Primär-Navigation im Seitenkopf.

Statische Menüs

46%

Dynamische Aufklappmenüs

54%

Twin

Nur 8% der untersuchten News-Sites benutzen eine Twin- Navigation. Als Twin bezeichnen wir eine zweifache Platzierung der Hauptrubriken.

Main-Left

70% der hier untersuchten News-Sites platzieren ihre Primär-Navigation als linke Spalte.

Statische Menüs

85%

Dynamische Ausfahrmenüs

15%

Zusammenfassung

Häufigkeit von Navigationsformen

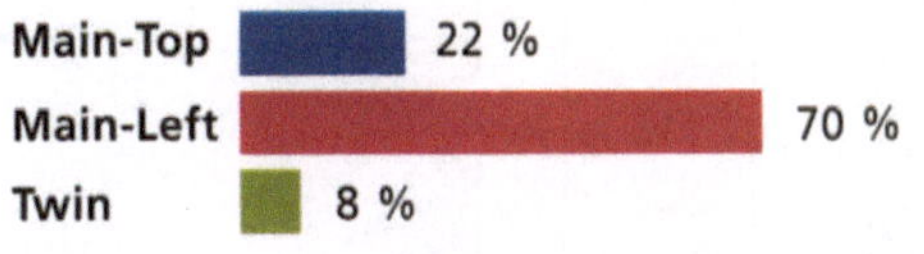

Bei dieser Untersuchung wurden 68 News-Sites aus der ganzen Welt einbezogen. Stand 09/2002

www.lemonde.fr

Main-Left-Navigation

www.faz.net

Main-Top-Navigation

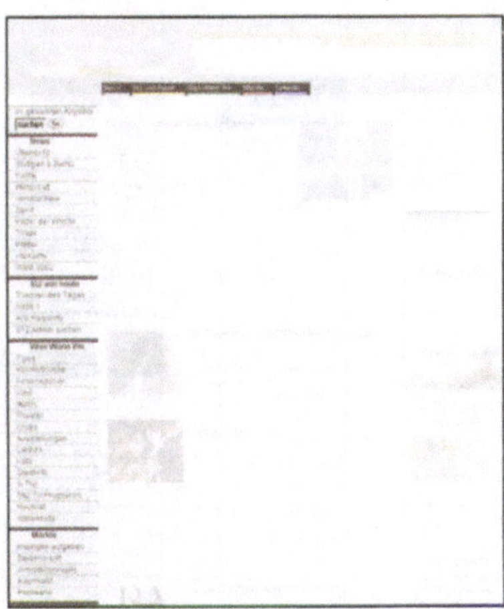

www.stuttgarter-zeitung.de

Twin-Navigation

Statische Navigation

Übersicht	S. 182
182a	www.usatoday.com
182b	www.clarin.com
182c	www.nytimes.com
182d	www.lemonde.fr
182e	www.berlingske.dk
182f	www.netzeitung.de
182g	www.abc.es
182h	www.postimees.ee

Die am häufigsten vorkommende Navigationsform ist die statische Navigation. Reine Textlinks verbinden Haupt- und Unterrubriken. Obwohl die fast immer links platzierte Navigation einen Überblick über das Angebot bieten soll, listet sie aus Platzgründen selten einen kompletten Hierarchiebaum auf.

Um Unterrubriken sehen zu können, muss der Benutzer meist zumindest einmal klicken.

Häufigstes Problem bei einer Main-Left-Navigation ist, dass aufgeklappte Unterrubriken mit vielen Menüpunkten die restliche Navigation nach unten aus dem sichtbaren Bereich drängt.

182a

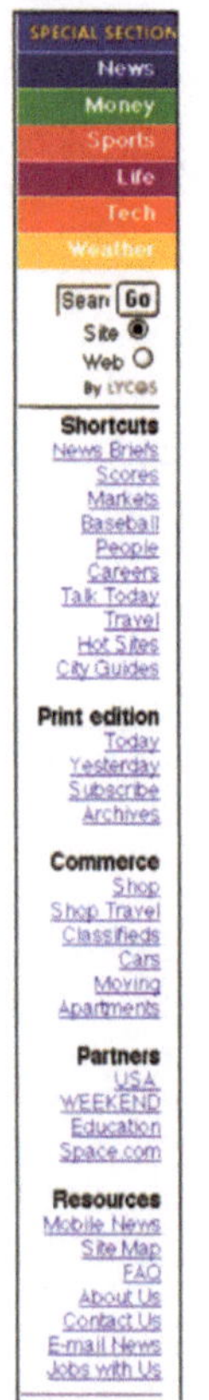

182b

182c

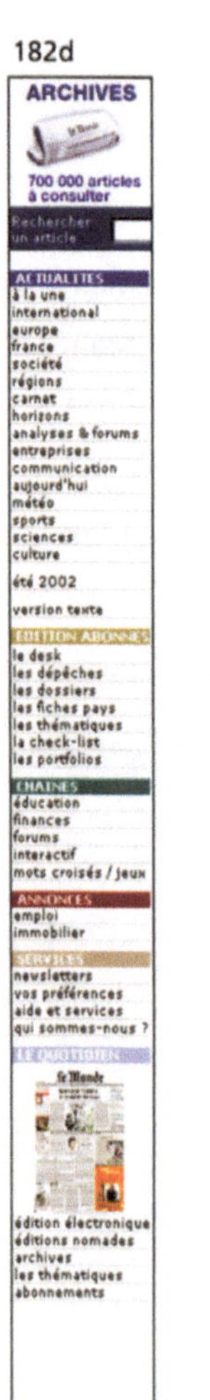

182d

182e

182f

182g

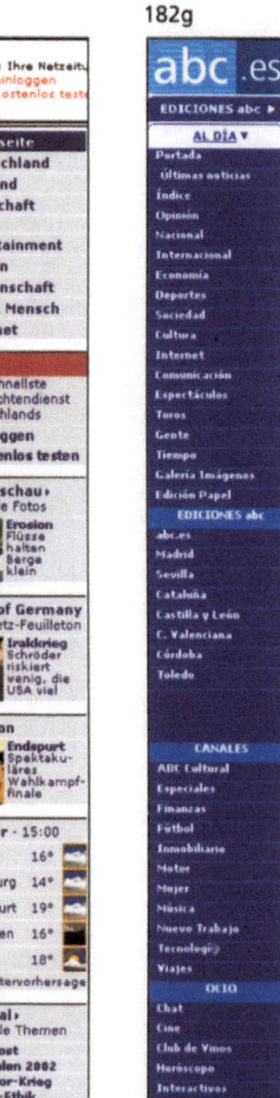

182h

Ein Teil der Hauptrubriken ist dann für den Benutzer nicht mehr sichtbar. Aus Platzgründen erscheint es trotzdem nicht sinnvoll, alle Menüpunkte in die Navigation zu integrieren.

	S. 183
183a	www.lanacion.com.ar
183b	www.economist.com
183c	www.timesonline.co.uk
183d	www.sueddeutsche.de
183e	www.nzz.ch
183f	www.rp-online.de
183g	www.ft.com

183a

183b

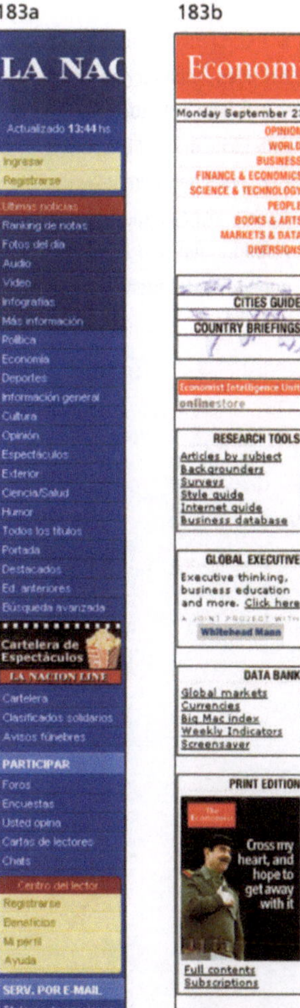

183c

183d

183e

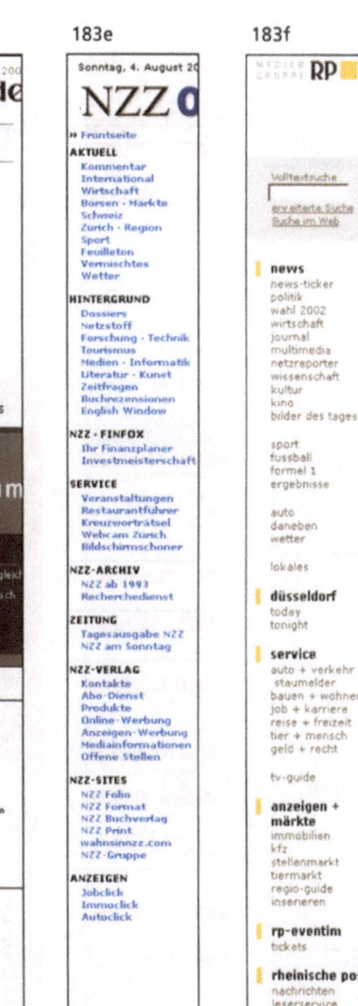

183f

183g

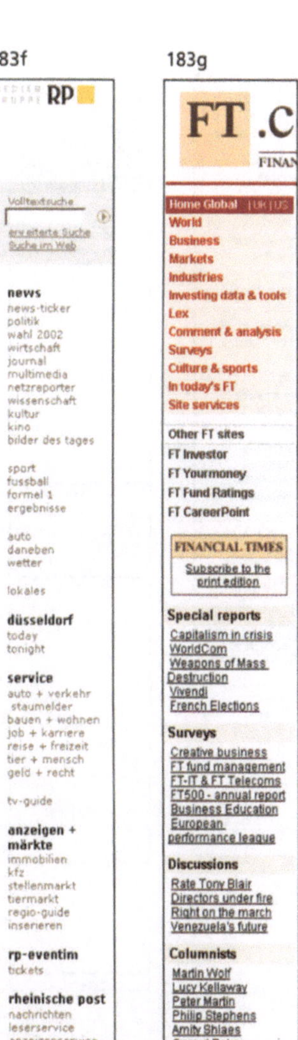

S. 184

184a	www.bild.de
184b	www.stuttgarter-zeitung.de
184c	www.lefigaro.fr
184d	www.spiegel.de
184e	www.thesun.co.uk

184a

184b

184c **184d**

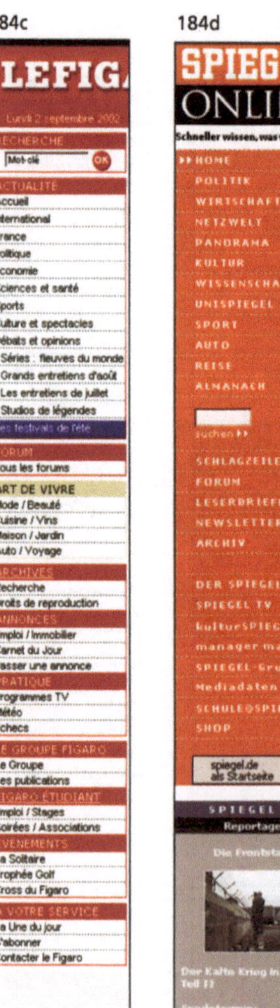

184e

Die Größenverhältnisse sind bei allen Abbildungen gleich. Somit lässt sich auch der unterschiedliche Platzbedarf der jeweiligen Primär-Navigationen leicht vergleichen. Die Abbildungen sind in etwa nach zunehmender Breite geordnet.

Vermischung von Navigation

Da die Navigation den Schlüssel zu den Inhalten einer Website darstellt, sollte diese so klar wie möglich gestaltet sein. Der User geht grundsätzlich von einer gut funktionierenden Navigation aus. Daher ist es Aufgabe des Designers, sich in die intuitive Bedienungsweise der Benutzer hineinzuversetzen.

Die Website des Magazins *Focus* bietet sehr viele unterschiedliche Informationen. Leider hilft die Navigation dem User nicht, sich gut zu orientieren.

Die Primär-Navigation ist als Main-Left auf der Homepage zwar ohne Interaktionsmöglichkeiten einfach gehalten, verwendet aber pro Bereich verschiedene Termini. Der Benutzer muss zu viel Zeit aufbringen, um die Begriffe zu lesen und zu verstehen.

Nachdem der Benutzer den Bereich »News« anklickt, gelangt er in den blauen News-Bereich. Die Primär-Navigation (1, Abb. 185a – c) ist hier, wie in allen Unterbereichen, komplett anders gestaltet als auf der Homepage. Platzierung, Aussehen, Funktion und Termini haben sich mit einem Klick verändert.

Die Navigation verändert sich zu einer Aufklappliste, wird zu Main-Top und verwendet nicht mehr dieselben Rubriken-Bezeichnungen wie auf der Homepage.

Die als Punkt 8 auf Seite 176 beschriebene Neuorientierung bedeutet daher enorm viel Zeit und Aufwand für den User.

www.focus.de Abb. 185a – c

a

Homepage mit Main-Left-Primär-Navigation

b

Content-Seite mit Main-Top-Primär-Navigation als Aufklappliste (1).

Homepage 1
✓ News
Private Finanzen
Aktien & Fonds
Handy, PC & Co
Reisen
Beruf & Karriere
Auto & Verkehr
Gesundheit
Entertainment
Treffpunkt
FOCUS
Rubriken

c

Starke Vergrößerung der aktivierten Aufklappliste (Primär-Navigation) aus Abb. b.

Dynamische Navigation

Um dem User mehr Interaktions-, Orientierungs- und Navigationsmöglichkeiten zu bieten, verwenden 15 Prozent der News-Sites eine dynamische Navigation mit Aufklappmenü – nicht zu verwechseln mit Aufklapplisten (s. Glossar). Bei dieser Variante kann der User per Rollover die Rubriken des Hauptmenüs öffnen und sich normalerweise direkt in die Unterrubriken klicken. Ähnlich wie beim Desktop-Interface ist es sinnvoll, eine solche dem Menübalken von Computerprogrammen ähnliche Navigation (engl.: menu bar) über dem Angebot im Seitenkopf anzubringen.

Vorteile

Ein gestalterischer Vorteil von dynamischen Aufklappmenüs liegt darin, dass eine Site, die ein Farbleitsystem verwendet, dies mit den Aufklappmenüs kommunizieren kann, ohne das Gesamterscheinungsbild zu bunt erscheinen zu lassen. Die unterschiedlichen Farben können so eingesetzt werden, dass sie erst sichtbar werden, wenn der User die Menüs aufklappt.

Des Weiteren bietet ein dynamisches Aufklappmenü die Möglichkeit, eine Site nicht zu komplex erscheinen zu lassen. Eine Rubrikenvielfalt, die manchen User möglicherweise abschrecken könnte, verschwindet gewissermaßen in einzelnen Schubladen, die man nach Bedarf öffnen kann.

Nachteile

Das Verstecken der Rubriken bringt auch Nachteile mit sich. Der Benutzer erhält keinen Überblick über die Site und muss, ähnlich wie bei Aufklapplisten, aktiv werden, um alle Rubriken sehen zu können.

Beim Aufklappen und Anwählen von Unterrubriken kann es passieren, dass durch die Mauszeigerposition das Menü unbeabsichtigt zugeklappt wird. Hier bietet iht.com die Lösung, dass das Aufklappmenü vom Benutzer nicht durch ein Wegfahren des Mauszeigers, sondern erst durch einen weiteren Klick mit der Maus deaktiviert werden kann. Da der User in der Regel gewohnt ist, Aufklappmenüs durch Überfahren mit dem Mauszeiger (Rollover) zu aktivieren, muss er an die Aktivierung per Mausklick gewöhnt werden. Dies wird dadurch vermittelt, dass das Menü auch nur durch Klicken aufgeklapt werden kann.

Verwendung von dynamischen Aufklappmenüs

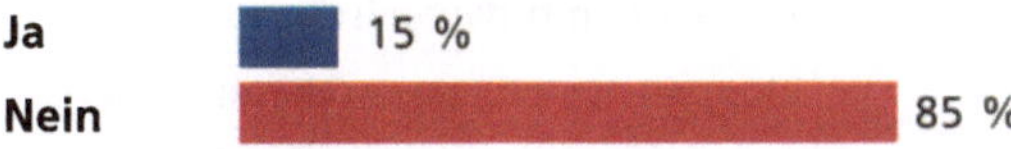

Bei dieser Untersuchung wurden 91 News-Sites aus der ganzen Welt einbezogen. Stand 09/2002

Ein weiteres Problem stellt die Platzierung eines Formulars direkt unter einem aufgeklappten DHTML-Menü dar, da das DHTML-Menü die Formularfelder nur teilweise abdekken kann. So entstehen unschöne Lücken, die das aufgeklappte Menü optisch zerreißen (1, Abb. 187a). Bei www.stuttgarter-zeitung.de wird dieses optische Problem umgangen, indem beim Aufklappen des Menüs das darunterliegende Formular (2, Abb. 187b) ausgeblendet wird (3, Abb. 187b).

Leider verträgt sich Innovation nicht immer mit Plattformunabhängigkeit. Die optimale Funktionalität fortgeschrittener Layer-Programmierungen ist stark browser- und plattformabhängig. Außerdem benötigen komplexe DHTML-Anwendungen sehr viel Code, was die Downloadzeit einer Website (zum Beispiel www.iht.com) beträchtlich erhöht.

Dies sind sicherlich Gründe, warum sich bei nordamerikanischen News-Sites sehr wenig komplexe DHTML-Lösungen finden. Der Anteil von beispielsweise Macintosh-Usern und die Vielfalt unterschiedlicher Benutzerplattformen ist in Nordamerika um ein Vielfaches größer als in Europa.

Wie schon erwähnt, sind derartige dynamische Menüs nur mit sehr viel HTML-Code zu realisieren. Erfahrungen der Online-Redaktion des *Stern* (www.stern.de) haben gezeigt, dass Benutzer jedoch nicht über das Aufklappmenü, sondern vorwiegend über Content-Werbung navigieren. Da die Aufklappmenüs nicht im Verhältnis zu den höheren Ladezeiten standen, hat man diese wieder aus dem Angebot entfernt (10/2002).

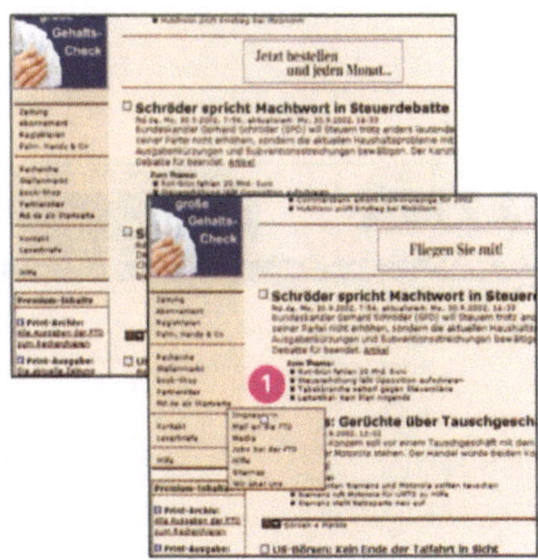

www.ftd.de Abb. 187a

www.stuttgarter-zeitung.de Abb. 187b

Main-Top-Aufklappmenüs

Mehr als die Hälfte (64%) der Angebote mit dynamischen Aufklappmenüs platzieren dieses im Seitenkopf. Während bei seitlich ausfahrenden Menüs die Hierarchie der einzelnen Menüpunkte schwierig zu durchschauen ist, werden die dem Computerbetriebssystem ähnlichen Menüflächen, die nach unten ausklappen, vom Nutzer besser verstanden.

Ein zusätzlicher Vorteil dieser Navigationsform ist, dass die einzelnen Bereiche absolut gleichwertig dargestellt werden können. Außerdem sind alle Bereiche, ohne scrollen zu müssen, mit einem Klick sichtbar.

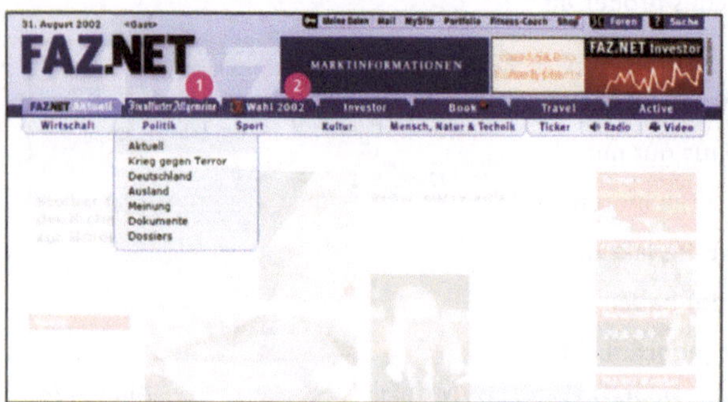

www.faz.net Abb. 188a

Die Größe der dynamischen Navigation bei »faz.net« im Seitenkopf ist sehr großzügig gewählt. Die Buttons der Rubriken sind auf diese Weise aber auch flexibler zu gestalten (1+2).

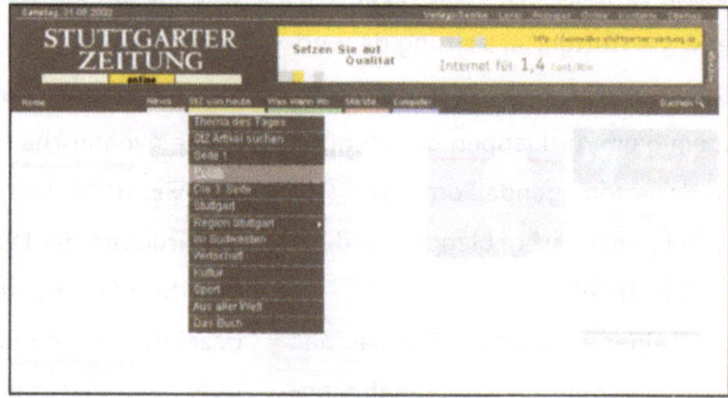

www.stuttgarter-zeitung.de Abb. 188b

Durch die Möglichkeit, auch Unterrubriken auswählen zu können, bekommt der Benutzer schnell einen Überblick über den Umfang der Site.

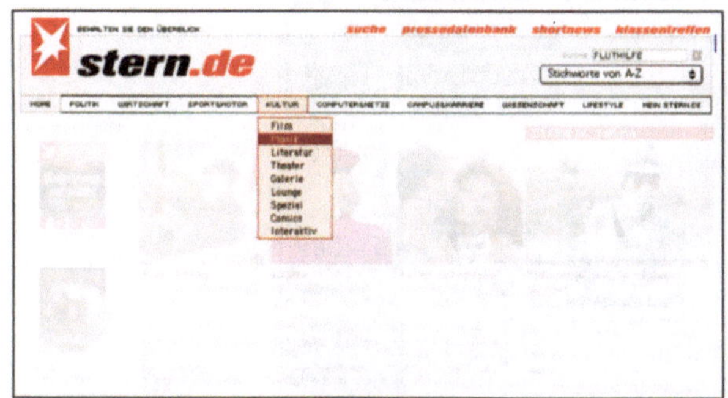

www.stern.de **Abb. 189a**

Die ausklappbaren Flächen verdecken durch ihre geringe Größe nur eine kleine Fläche des Content-Bereichs (Stand 09/2002).

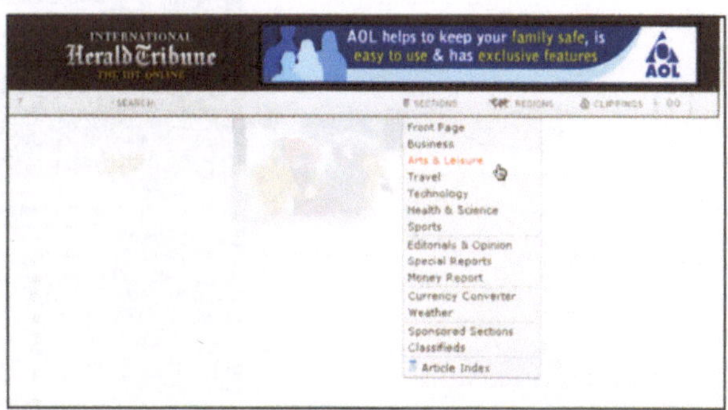

www.iht.com **Abb. 189b**

Das funktionale Menü der *International Herald Tribune* ist durch lediglich zwei Rubriken sehr überschaubar.

Main-Left-Ausfahrmenü

Eher unpraktisch ist die Platzierung des Aufklappmenüs links im Angebot. Menüs dieser Art könnten eher als Ausfahrmenü bezeichnet werden. Oftmals ragen die ausgeklappten Untermenüs etwas ungelenk in den Contentbereich und verdecken dadurch einen großen Teil des sichtbaren Bereichs.

www.nrc.nl Abb. 190a

Hier wird ein dunkles Grau eingesetzt, um das Menü deutlich vom Content abzuheben.

www.orlandosentinel.com Abb. 190b

Da seitlich ausfahrende Untermenüs in der Regel den wichtigsten Bereich der Homepage, nämlich das Topthema, verdecken, empfiehlt sich eine visuell stärkere Abgrenzung durch eine Umrandung des Menüs. Diese Site verwendet einen leichten farblichen Verlauf, wodurch sich das Menü optisch besser vom Content abhebt.

www.rheinzeitung.de

Abb. 191a

Das hier als Hintergrundfarbe verwendete Grau ist zu hell, um die Menüfläche deutlich genug gegen den Untergrund abzuheben. Zusätzlich passt die ausgefahrene Menüfläche durch die Hintergrundfarbe optisch nicht zum Hauptmenü. Dies stellt zusätzlich ein hierarchisches Problem dar, da das Untermenü auf diese Weise dominanter als das Hauptmenü erscheint.

www.gulf-news.com

Abb. 191b

Um Inhalte nicht zu verdecken, verwendet Gulf News ein leicht transparentes und dadurch schwer lesbares Ausfahrmenü.

International Herald Tribune

Ein europäisches Angbot, das beim Umgang und der Präsentation von News auf Innovation setzt, ist das der *International Herald Tribune* (www.iht.com). Die News-Site-Designer von iht.com schlagen sowohl bei Navigation, Design und Benutzerführung eine außergewöhnliche Richtung ein. Die bestehende Informationsarchitektur wird vom User nämlich mitbestimmt.

Die Primär-Navigation (1, Abb. 192a) ist im Seitenkopf integriert (Main-Top), und positioniert sich beim Scrollen immer am oberen Fensterrand (2, Abb. 192b). Die Navigationsleiste ist dadurch für den User permanent sichtbar, da sie je nach Scrolling-Position mitwandert. Diese Technik ist zwar nicht neu, wurde jedoch in erster Linie für Werbebanner verwendet. In diesem Fall diente die Werbung als Wegbereiter für eine innovative Methode im Kampf um die ständige Sichtbarkeit.

www.iht.com Abb. 192a + b

Stand 08/2002

Abb. 192a

Abb. 192b

Während auf fast allen News-Sites versucht wird, dem User möglichst viele unterschiedliche Artikel zu präsentieren, verzichtet iht.com auf diesen Informations-Overload. Im unteren Bereich der Homepage waren bis 08/2002 nur die Rubriken-Namen sichtbar (3, Abb. 192a). Die dazugehörigen Artikel mussten einzeln angeklickt werden. Doch selbst dies wurde 09/2002 zugunsten einiger weniger Rubriken reduziert. Die Hauptbereiche sind nur noch über die Navigationsleiste erreichbar.

Iht.com verwendet auch die Methode »collect now – read later«. Durch die Integration der persönlichen Artikel-Auswahl in die Primär-Navigation ist sie relativ leicht aufzufinden.

Die oft schwer nachvollziehbaren Verknüpfungen des virtuellen Informationsraums werden hier mithilfe eines Interface-Tricks nahezu selbsterklärend verdeutlicht: Klickt der User auf das Icon, welches die Clipping-Funktion symbolisiert, kann er verfolgen, wie das Icon (der Artikel) in der zugeklappten Sammelliste in der Primär-Navigation verschwindet.

Mit der Clipping-Funktion versucht iht.com, dem Nutzer eine Methode anzubieten, mit der das Problem der ständigen Neuorientierung umgangen werden kann: Der Nutzer, der beim Überfliegen einer Seite mehrere interessante Artikel findet, kann diese, ohne sie beim Anklicken des ersten Artikels aus den Augen zu verlieren, speichern und später wieder aufrufen. Er bestimmt also die Struktur der Site gewissermaßen selbst und weiß deshalb auch, wo er die für ihn interessanten Inhalte wiederfinden kann.

Clipping
(collect now – read later)

Abb. 193

Die eingesammelten Artikel erscheinen in der Clipping-Liste (1). Sie sind in der mitwandernden Navigationsleiste (2) optimal platziert. Einziger Kritikpunkt ist die zu undeutliche Kennzeichnung der Aufklappliste als Clipping-Liste.

Auch bei der Präsentation der Artikelanrisse hebt iht.com sich bis 08/2002 von anderen News-Sites ab. Die Platzierung der Headlines neben dem eigentlichen Artikelanriss erleichterte dem User das Überfliegen der Headlines (1, Abb. 194a). Leider wurde dieses Feature zugunsten einer weiteren Werbespalte seit 09/2002 aufgegeben (2, Abb. 194b).

Ein solch überdurchschnittliches Angebot kommt nicht ohne Kompromiss aus, da DHTML nicht von allen Browsern und Browserversionen uneingeschränkt interpretiert wird. Die meisten Funktionen von iht.com funktionieren nicht mit allen Browsern. Für Benutzer mit älteren Browsern steht ein Alternativ-Angebot zur Verfügung.

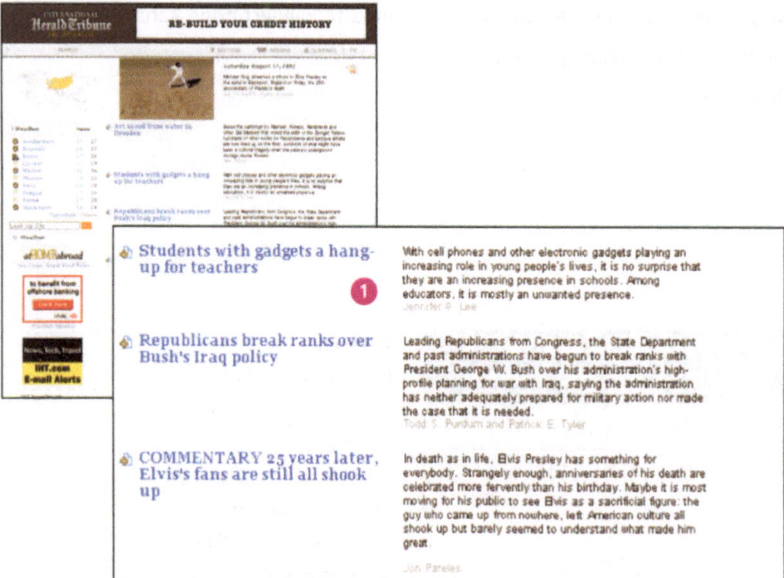

Abb. 194a, Stand 08/2002

Abb. 194b, Stand 09/2002

Zusätzlich wird der User mithilfe eines aufspringenden Fensters (Abb. 195c) auf die versäumten Features hingewiesen, und gebeten, seinen Browser zu aktualisieren. Dieser Hinweis ist unerlässlich, da ein User, der nur das Alternativ-Angebot kennt, nicht wissen kann, dass es noch zusätzliche Funktionen gibt.

Auch bei der Downloadzeit gehen die Designer der *International Herald Tribune* einen Kompromiss ein. Die Menge an Code verlangsamt das Angebot merklich. Dies mag auch ein Grund sein, weshalb weitgehend auf zusätzliches Bildmaterial verzichtet wird.

Netsacape 4.7 Abb. 195a

Internet Explorer 5.0 Abb. 195b

Funktionen wie Clipping (1), Art Guide (2) und das World Map Interface (3) sind nur mit bestimmten Browserversionen kompatibel.

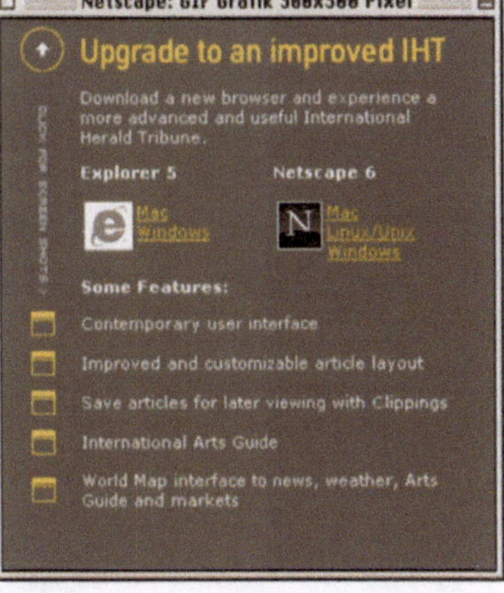

Hinweis Abb. 195c

Farbleitsysteme

Der positive Nutzen eines Farbleitsystems liegt in der Fähigkeit des Menschen begründet, dass er sich Farben leichter merken kann als einzelne Wörter, Begriffe oder Objekte. Farben wecken Assoziationen und assoziatives Denken vereinfacht die Erinnerung an einzelne Informationen.

Im realen Raum erleichtern Farbleitsysteme, also die Zuordnung einer bestimmten Farbe zu einem Objekt, Gegenstand, oder Ort, die Orientierung. Da dieses Wissen durchaus auf den virtuellen Raum übertragen werden kann, finden wir überwiegend Websites mit Farbleitsystemen. Müssen zu viele unterschiedliche Bereiche farblich gekennzeichnet werden, kommt der Designer schnell in eine Farbnot, die häufig zu Beliebigkeit bei der Farbwahl führt. Zudem stehen zu viele bunte Farben in Konkurrenz mit Werten wie Seriosität und Glaubwürdigkeit einer News-Site.

Häufigkeit von Farbleitsystemen bei News-Sites

Bei dieser Untersuchung wurden 68 News-Sites aus der ganzen Welt einbezogen.
Stand 09/2002

Entscheidend bei einem Farbleitsystem ist, dass der Benutzer sich leicht einen Überblick über das Angebot verschaffen kann. Das heißt aber auch, dass dem Nutzer die Möglichkeit geboten werden muss, alle Farben und ihre zugehörigen Bereiche zumindest an einer Stelle in Relation zueinander zu betrachten.

News-Sites wie blick.ch oder focus.de verwenden zwar unterschiedliche Farben für unterschiedliche Bereiche, allerdings ohne diese auch nur einmal dem User vorzustellen. Dieses Problem könnte beispielsweise mit einer immer sichtbaren farbigen Primär-Navigation gelöst werden.

Eine Website, die ein Farbleitsystem verwendet, sollte dies auf der Homepage kommunizieren. Ein User, der sich durch häufiges Aufsuchen eines bestimmten Bereiches einer News-Site an die zugehörige Farbigkeit gewöhnt hat, sollte von der Homepage aus die schnellste Möglichkeit nutzen können, um in den für ihn relevanten Bereich navigieren zu können.

www.focus.de

Ein Farbleitsystem, dass weder auf der Homepage noch in der Primär-Navigation (Abb. oben Main-Left-, Abb. unten Main-Top-Aufklappliste) kommuniziert wird, hat seinen Zweck verfehlt.

Zu welchen Anteilen Farbe in den jeweiligen Bereichen eingesetzt wird, ist differenziert zu beurteilen und hängt vor allem von der inhaltlichen Ausrichtung und dem grafischen Stil eines Angebotes ab. Grundsätzlich gilt auch hier, die Seiten nicht zu bunt zu gestalten, da site-fremde Elemente wie Werbung nicht beeinflusst werden können. Werden zusätzliche Komponenten wie Links, Buttons und andere strukturierende grafische Elemente farbig gestaltet, kann die gesamte Seite schnell unübersichtlich werden.

www.spiegel.de
Stand 10/2002

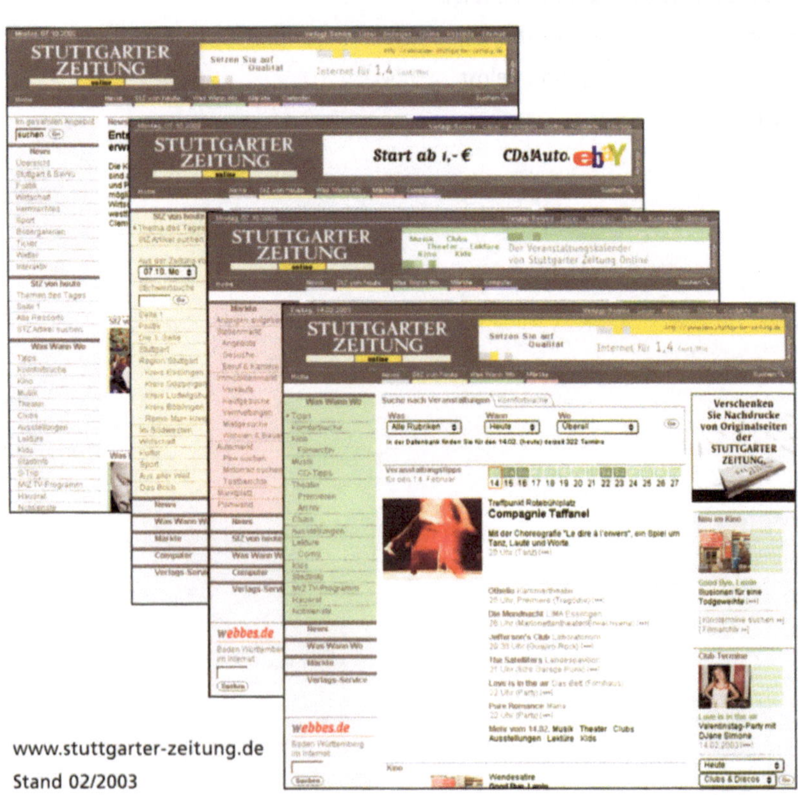

www.stuttgarter-zeitung.de
Stand 02/2003

www.stern.de
Stand 10/2002

www.mopo.de
Stand 10/2002

Farbanzahl

Ein Farbsystem mit dem Ziel der leichteren Orientierung sollte mit einer begrenzten Anzahl an Farben arbeiten. Die Beschränkung auf 3 bis 7 Farben lässt sich aus dem Interface-Design auf das Webdesign von News-Sites übertragen [15]. Wo das Limit der menschlichen Aufnahmefähigkeit liegt, ist nach wie vor umstritten. Der bekannteste Beitrag auf dem Gebiet der Usability und des User-Interface-Designs ist der Artikel von G.A. Miller (1956), »The magical number seven, plus or minus two«. Millers Studien legen als Ergebnis zum menschlichen Kurzzeitgedächtnis die Zahl Sieben als Aufnahmelimit fest [16].

Millers magische Zahl Sieben wurde jedoch immer wieder in Frage gestellt. Bob Bailey von Human Factors International (www.humanfactors.com) hält nichts von dem sturen Festhalten an Millers Theorien und verweist auf die Untersuchungen weiterer Wissenschaftler. D. E. Broadbent (1975) legte die Speicherkapazität des menschlichen Gehirns auf vier bis sechs zu merkende Elemente fest, während J. N. MacGregor (1987) zu dem Schluss kam, dass das Aufnahmelimit bei vier liegen muss. D. LeCompte (1999) hingegen behauptet, dass die Grenze der menschlichen Aufnahmefähigkeit bereits bei drei erreicht sei [17].

www.mopo.de
4 Bereichs-Farben

www.stuttgarter-zeitung.de
5 Bereichs-Farben

www.lemonde.fr
6 Bereichs-Farben

www.nrc.nl
6 Bereichs-Farben

www.usatoday.com
6 Bereichs-Farben

Vergleicht man Bereichsfarben und Farbsysteme diverser News-Sites, wird schnell klar, dass die Anzahl der verwendeten Farben beschränkt sein muss. Neben der Entscheidung, wieviele Farben verwendet werden sollen, spielt natürlich die Auswahl der Farben und Farbtöne eine große Rolle. Je mehr Farben verwendet werden, desto schwieriger scheint es, ein sinnvolles Farbsystem zu finden. Zuviele Farben erscheinen beliebig und lassen nicht auf ein durchdachtes Konzept schließen.

Assoziative Farbgebung

Bei der Diskussion über die Verwendung unterschiedlicher Farben als Orientierungsmerkmal, darf man den Aspekt der assoziativen Farbgebung nicht außer Acht lassen. Werden auf einer Website unterschiedliche Farben für verschiedene Bereiche verwendet, müssen diese nicht zwangsläufig als Farbleitsystem gedacht sein.

Das Gestaltungsmittel Farbe wird vom Screen-Designer bei Websites auch dann eingesetzt, wenn es ein bestimmtes Thema zu illustrieren gilt. Die ausgewählten Farben untermalen in diesem Fall inhaltlich verschiedene Bereiche.

Sitemap

Die Sitemaps von Corporate Websites besitzen nahezu alle dieselbe Funktion: Dem Nutzer wird ein Überblick über die gesamte Sitestruktur geboten, was unter Usabilityaspekten ein Muss darstellt. Dennoch wird dieses Thema zunehmend stiefmütterlich behandelt. Laut einer Umfrage von cio.com benutzen 12 Prozent der User eine Sitemap [18]. Erschwert wird die Suche nach einer Sitemap durch unterschiedliche Bezeichnungen.

Während 26 Prozent der Internetneulinge den Begriff Übersicht bevorzugen, favorisieren 53 Prozent der Internet-Experten den Begriff Sitemap. Nur 6 Prozent der Neulinge befürworten diesen Anglizismus. 29 Prozent gaben an, Sitemap nicht verstanden zu haben. Damit stellte das Wort Sitemap den am wenigsten verstandenen unter anderen internetspezifischen Ausdrücken wie Chat, FAQ, Guided Tour, Skip Intro, Cookie und Personalisieren dar [19].

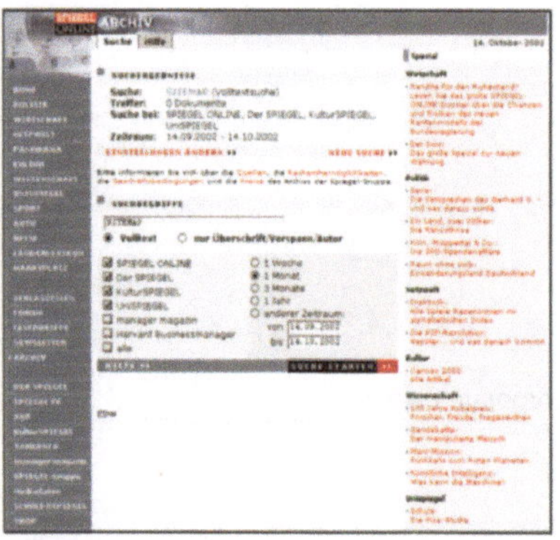

www.spiegel.de Abb. 202

Nach einer Sitemap sucht der Benutzer bei Spiegel Online vergebens. Gerade bei der Komplexität und Vielfalt der Inhalte wäre ein Überblick wünschenswert.

Sitemaps von News-Sites sind nicht direkt mit Sitemaps von Corporate Sites zu vergleichen. Auf der Sitemap einer News-Site können dem Benutzer wichtige Informationen über die unterschiedliche Beschaffenheit der Informationen mitgeteilt werden.

Besonders die immer wichtiger werdende Trennung von Gratis- und Bezahlinhalten muss an geeigneter Stelle auf einer News-Site kommuniziert werden. Die schnelle Übersicht darüber, welche Rubriken gratis und welche bezahlpflichtig sind, hilft Zeit zu sparen.

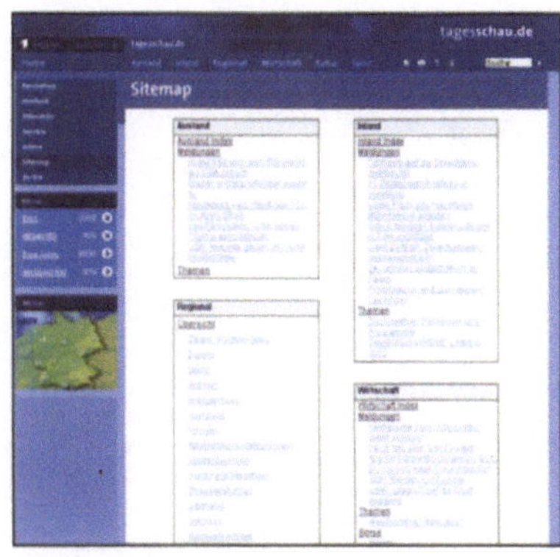

www.tagesschau.de Abb. 203a

Die News-Site der Tagesschau bietet zusätzlich zur reinen Struktur auch die aktuellsten Meldungen des jeweiligen Ressorts im Überblick an. Die Hierarchie der aktuellen Meldungen ist somit in die Informationsstruktur der Gesamtsite eingebunden.

www.ireland.com Abb. 203b

Die Kennzeichnung der kostenfreien Inhalte dieser Site ist für den Benutzer sehr wertvoll, denn die meisten Rubriken sind hier zahlungspflichtig.

Auf einer umfangreichen Sitemap können die einzelnen Channels, alle Ressorts, Sonderbereiche, Service-Dienste und viele weitere Inhalte aufgezeigt werden. Je mehr Begriffe in der Sitemap auftauchen, desto größer ist auch die Wahrscheinlichkeit, dass die Sitemap von einer Suchmaschine gefunden wird. Der Suchmaschinen-Aspekt ist für eine News-Site wichtig, da Internetadressen, die von Nutzern durch Suchmaschinen gefunden werden, eine Relevanz von 63 Prozent besitzen. Das bedeutet, 63 Prozent der Internetadressen, die Nutzer ansteuern, werden über Suchmaschinen gefunden.

Durch Zufall werden Internetadressen nur selten entdeckt. Neben Suchmaschinen spielen direkte Empfehlungen von Freunden oder Bekannten (69%) oder Hinweise aus Zeitungen und Zeitschriften (59%) eine wichtige Rolle [2].

www.handelsblatt.de Abb. 204a

Das *Handelsblatt* nutzt seine Sitemap auch, um die Farben der einzelnen Rubriken zu kommunizieren.

www.faz.net Abb. 204b

Etwas unpraktisch ist diese Sitemap, da der Nutzer erst die entsprechenden Rubriken öffnen muss.

www.netzeitung.de Abb. 205a

Eine andere Form der Übersicht bietet die *Netzeitung*. Die Aufklappliste (1) auf der Homepage ermöglicht dem Nutzer, auf deutlich mehr Rubriken als in der Primär-Navigation zuzugreifen.

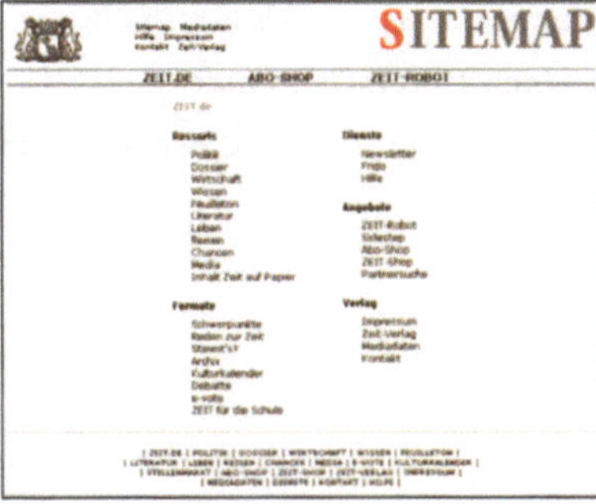

www.zeit.de Abb. 205b

Die Sitemap der *Zeit* könnte durchaus mehr Rubriken enthalten. Zudem sind die Begriffe nicht einheitlich gehalten. Amüsant ist die Darstellung des Begriffs »Sitemap« im Schriftbild der gedruckten Zeitung. Hier prallen Internetbegrifflichkeiten mit dem klassischen Medium auf groteske Weise aufeinander.

www.stern.de Abb. 205c

Anstelle einer Sitemap bietet der *Stern* eine Tour durch die Homepage an (1). Dies entspricht nicht dem, was der Nutzer sich von dem Begriff Sitemap verspricht und nimmt sehr viel mehr Zeit in Anspruch.

5

»Information ist ein Unterschied,
der einen Unterschied macht.«

Gregory Bateson

Content

Aktualität

Nachrichten im Internet unterscheiden sich von denen in Zeitungen zunächst dadurch, dass die Möglichkeit der permanenten Aktualisierung besteht und diese in der Regel von den News-Anbietern auch wahrgenommen wird. Am ehesten können Online-News mit Hörfunk-Nachrichten verglichen werden, wobei dort die festen Sendezeiten – meist zur vollen Stunde – nur in Ausnahmefällen durch zusätzliche Nachrichtenblöcke ergänzt werden.

Aktualität in Echtzeit wird von den Nutzern insbesondere bei wichtigen Sportereignissen, Wahlen oder Katastrophen erwartet. Im Fernsehen und Hörfunk erfolgt dann eine Live-Berichterstattung, im Internet werden minütlich die Inhalte aktualisiert.

Am 11. September 2001 wurden die Server von News-Anbietern im Internet derart überlastet, dass Not-Homepages eingerichtet werden mussten (Abb 209.a+b). Erstmals wurde deutlich, welche Bedeutung als Informationsmedium das Internet bereits eingenommen hat.

Da die Terroranschläge zu einem Zeitpunkt geschahen, als die meisten Europäer an ihrem Arbeitsplatz saßen, war für viele das Internet die einzige Möglichkeit, sich aktuell zu informieren.

Bei der Fußball-Weltmeisterschaft 2002 trat ein ähnliches Phänomen auf. Viele News-Sites berichteten über die Spiele live in einem separaten Ticker. Auch hier spielte es eine entscheidende Rolle, dass die Begegnungen tagsüber während der Arbeitszeit stattfanden. Die Spiele gab es also zum Mitlesen in einem kleinen Pop-up-Fenster auf den Monitor, sicherlich praktischer als ein Radio- oder TV-Gerät auf dem Schreibtisch.

Großereignisse verdrängen mitunter andere Inhalte. Nicht nur, weil für die scheinbar unwichtigeren Themen kaum noch Platz auf der Homepage zur Verfügung steht, sondern auch, weil aufgrund der Personalsituation in Online-Redaktionen dann alle Kräfte auf dieses eine Ereignis verwendet werden. Hintergründe, Bilderseiten, Diskussionsforen, möglicherweise Video- und Tonsequenzen müssen innerhalb kürzester Zeit erstellt werden. Oft über mehrere Tage bestimmt ein und dasselbe Thema die News-Sites – je nach Tragweite weltweit.

Die viel beschworene Multimedialität findet außerhalb der Specials zu besonderen Anlässen im Redaktionsalltag eher selten statt. Zu sehr stehen aufwändige Multimedia-Reportagen im Gegensatz zur Schnelligkeit, mit der Informationen im Online-Medium umgesetzt werden müssen. Web-Reporter galten lange Zeit als das anstrebenswerte Äquivalent zum Live-Reporter in Hörfunk und TV. Natürlich ist keineswegs auszuschließen, dass sich in Zukunft jede einigermaßen große Online-Redaktion einen solchen Multimedia-Reporter leisten wird, abzusehen ist dies aber noch nicht.

Sehr geehrte Benutzer,
wegen Überlastung unserer Server sowie des Internets können wir Ihnen derzeit nur eine reduzierte Fassung unseres Angebotes zur Verfügung stellen. Wir bitten dafür um Verständnis.
Redaktion und Verlag von sueddeutsche.de

sueddeutsche.de

Terror-Anschläge gegen die USA
US-Ermittler verdächtigen Bin Laden
Überlebende unter den Trümmern

Die amerikanischen Behörden vermuten den saudiarabischen Millionär und international gesuchten Terroristen Osama bin Laden hinter der Anschlagsserie auf die USA. Präsident Bush kündigte Vergeltung an. Rettungsmannschaften suchen in Washington und New York weiter nach Opfern und Überlebenden unter den Trümmern.

Die amerikanische Ermittler konzentrieren sich bei der Suche nach den Hintermännern der Attentate auf den Moslemextremisten Osama bin Laden. Dieser soll im Versteck in Afghanistan leben.

Das dort regierende radikal-islamische Taliban-Regime bot am Mittwoch überraschend an, mit den USA über das Schicksal von bin Laden verhandeln zu wollen.

Die Spuren für die Urheber der Terroranschläge in den USA führen auch nach Einschätzung westlicher Geheimdienste in Richtung Osama bin Laden. Es spreche vieles dafür, sagte Kanzleramtschef Frank-Walter Steinmeier in Berlin.

Zahl der Toten möglicherweise erst in einigen Wochen

In den Trümmern des eingestürzten World Trade Centers gehen die Bergungsarbeiten mit allen verfügbaren Kräften weiter. Einige der Verschütteten hatten sich per Funktelefon gemeldet.

Besonders in den übrigen Gebäuden des riesigen Handelskomplexes in Süd-Manhattan, hofft man noch auf zahlreiche Überlebende. Auch am Pentagon wird fieberhaft nach Überlebenden und Opfern gesucht.

Die Behörden vermuteten, dass sich zum Zeitpunkt des ersten Flugzeugeinschlages zwischen 10.000 und 20.000 Menschen im World Trade Center aufhielten. Bis die genaue Zahl der Toten feststeht, könne es Wochen dauern.

Die US-Behörden haben nach Anschlägen den gesamten Luftverkehr in den USA gestoppt. Die Börsen

1. Serie: Bilder der Katastrophe
2. Serie: Bilder der Katastrophe
3. Serie: Bilder der Katastrophe
Fahndung: Fünf Araber unter Verdacht
Videos des Terroranschlages
Hotline für Angehörige

Ausland

Reaktionen: Entsetzen, Trauer, Sicherheitsvorkehrungen
Afghanistan: Angriff auf Kabul kein US-Vergeltungsschlag
Kabul: UN ziehen Mitarbeiter ab
Seite Drei: Die Nation, erstarrt im Schock
Augenzeugen: Sprünge in den Tod

Deutschland

Geheimdienste vermuten Bin Laden hinter Anschlägen
Kanzler: Anschläge gegen uns alle gerichtet
Bundeswehr: Scharping erhöht die Bereitschaft

www.sueddeutsche.de Abb. 209a

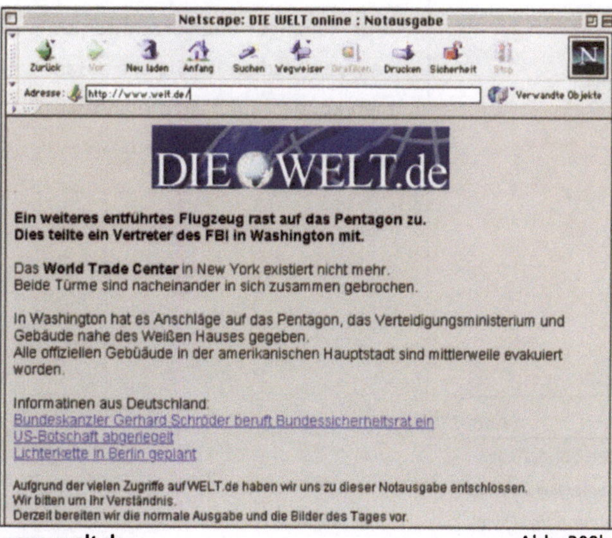

Netscape: DIE WELT online : Notausgabe

Zurück Vor Neu laden Anfang Suchen Wegweiser Grafiken Drucken Sicherheit Stop

Adresse: http://www.welt.de/ Verwandte Objekte

DIE WELT.de

Ein weiteres entführtes Flugzeug rast auf das Pentagon zu.
Dies teilte ein Vertreter des FBI in Washington mit.

Das **World Trade Center** in New York existiert nicht mehr.
Beide Türme sind nacheinander in sich zusammen gebrochen.

In Washington hat es Anschläge auf das Pentagon, das Verteidigungsministerium und Gebäude nahe des Weißen Hauses gegeben.
Alle offiziellen Gebüäude in der amerikanischen Hauptstadt sind mittlerweile evakuiert worden.

Informatinen aus Deutschland:
Bundeskanzler Gerhard Schröder beruft Bundessicherheitsrat ein
US-Botschaft abgeriegelt
Lichterkette in Berlin geplant

Aufgrund der vielen Zugriffe auf WELT.de haben wir uns zu dieser Notausgabe entschlossen.
Wir bitten um Ihr Verständnis.
Derzeit bereiten wir die normale Ausgabe und die Bilder des Tages vor.

www.welt.de Abb. 209b

Sonderereignisse

www.faz.net **Abb. 210**

Optimal integriert werden Sonderteile bei der *Frankfurter Allgemeinen Zeitung*. Ein Special, wie hier während der Olympischen Spiele, wird in der Primär-Navigation verlinkt (1) und ist ähnlich aufgebaut wie die anderen Ressorts.

Zeitlich begrenzte Sonderbereiche werden in einer Art Magazinform – vergleichbar mit Sonderbeilagen in Tageszeitungen – beispielsweise zu Anlässen wie Olympia, Fußball-Weltmeisterschaft, Weihnachten, Jahreswechsel, Bundestags- oder Landtagswahlen eingerichtet. Diese vorübergehenden Ressorts heben sich inhaltlich wie gestalterisch in vielen Fällen vom übrigen Angebot ab.

Da diese Bereiche über einen längeren Zeitraum aktuell bleiben, werden sie oft aufwändiger gestaltet und enthalten eher als tagesaktuelle Nachrichten auch Animationen und Flash-Filme. Gerade in der Vorbereitungszeit solcher Sonderbereiche wird deutlich, dass Teamwork zwischen Journalisten, Gestaltern und Technikern in einer Online-Redaktion sehr viel enger und verzahnter als in anderen Medien ist. Sie alle zusammen können am besten realistisch das Machbare einschätzen.

Zwar müssen heutzutage Online-Journalisten längst nicht mehr über detaillierte Programmierkenntnisse verfügen, die technischen Möglichkeiten des Mediums sollten sie aber kennen.

Wurden bis vor ein, zwei Jahren gerade die kurzfristig geschalteten Sonderbereiche in der Gestaltung bewusst vom restlichen Angebot deutlich abgegrenzt und dienten gelegentlich als multimediale Spielwiese, ist auch hier die Wichtigkeit der funktionalen Einheit von Specials und tagesaktuellem Content zunehmend erkannt worden.

Seit in den meisten Redaktionen mit einem Content Management System (CMS) gearbeitet wird, das den Redaktionssystemen von Tageszeitungen sehr ähnlich ist, werden auch die Specials in diesem System gepflegt (Abb. 211). Zum einen bedeutet das natürlich eine enorme Arbeitserleichterung für die Redakteure, zum anderen eben auch eine Begrenzung der gestalterischen Freiheit. Dem einheitlichen Erscheinungsbild einer Site nutzt dies in jedem Fall.

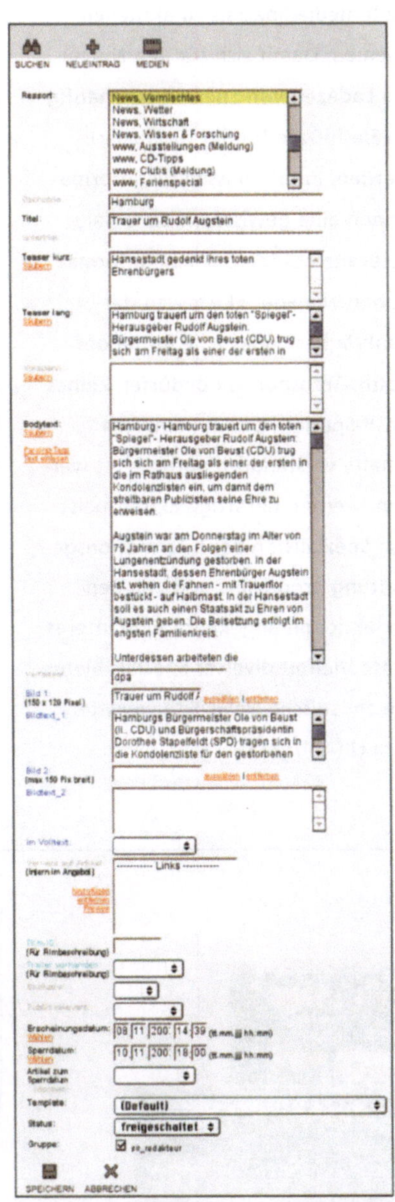

Eingabemaske Six Abb. 211

In derartigen Eingabemasken (Redaktionssystem Six) werden Artikel erfasst und bearbeitet, Bilder und Links hinzugefügt und gegebenenfalls mit anderen Artikeln über Schlagworte verknüpft.

Multimedia Specials

Nur wenige Sites leisten sich Multimedia-Specials zu aktuellen Themen. Damit sich für den Nutzer die Ladezeit von Specials, die häufig im Flash-Dateiformat produziert werden, lohnt, müssen die Informationen eine gewisse multimediale Relevanz besitzen. Banale Informationen wie »der Fluchtweg der Bankräuber« oder »die Route des Castor-Transportes« bedürfen keines Flash-Specials. Damit komplexe Inhalte verständlich aufbereitet werden, werden derartige Extras meist von Spezialisten der Informationsgestaltung produziert und von den Redaktionen angekauft. Eine interessante Vielfalt diverser Specials bietet die chilenische News-Site www.tercera.cl (Abb. 212).

Seit dem Redesign des gesamten Angebotes werden diese besser beworben und sind direkt in der Primär-Navigation auf der Homepage verlinkt (1, Abb. 212). Sehr praktisch ist die Möglichkeit, dass der Nutzer nicht wieder zur Übersicht (2) in einem anderen Browserfenster zurückkehren muss, um weitere Specials auswählen zu können (3), sondern alle Flash-Specials im gleichen Extra-Fenster betrachten kann.

www.tercera.cl — Abb. 212

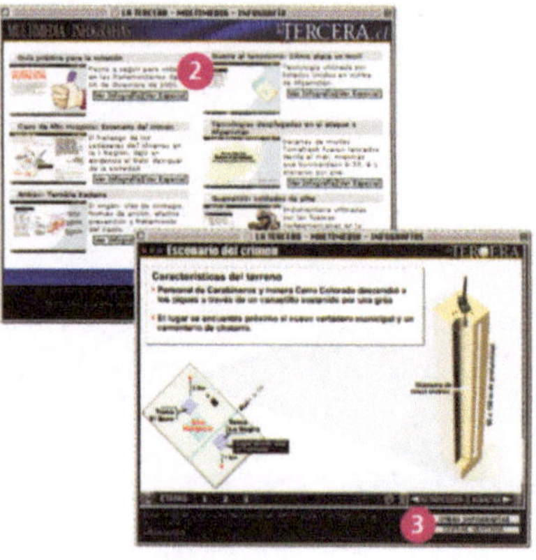

Auch die umfangreiche Site des *Guardian* bietet Flash-Specials an, um Zusammenhänge anschaulich zu erklären.

www.guardian.co.uk Abb. 213

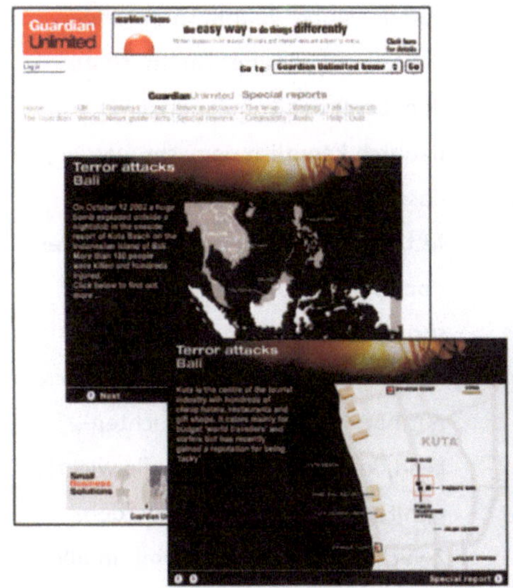

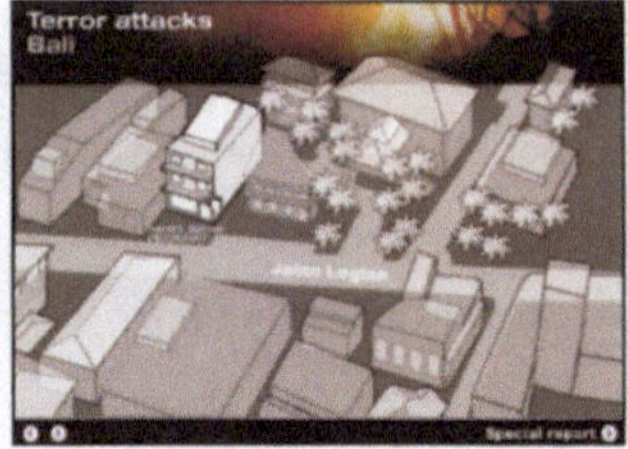

Teaser

Im Gegensatz zu gedruckten Artikeln sind die Texte online eher kürzer und meist rein nachrichtlich. Hintergründe, Kommentare und Reportagen findet man online seltener. Das Gewicht eines Artikels wird noch stärker als bei gedruckten Zeitungen auf den Vorspann gerichtet. Da der Artikel-Teaser (Anriss) auf der Start- oder Übersichtsseite nicht nur für einen schnellen Überblick notwendig ist, sondern darüber entscheidet, ob der Nutzer den Klick auf den gesamten Text wagt, sollte dieser neugierig auf weitere Informationen machen. Hierfür gibt es unterschiedliche Methoden:

Stefan Heijnk warnt in seinem Buch »Texten fürs Web« davor, als Teaser lediglich den Vorspann des Haupttextes zu verwenden. Im Redaktionsalltag werde es aus Zeitmangel jedoch häufig so gehandhabt. Wenn dies der Fall ist, sollte dem Leser die Dopplung zumindest dadurch kenntlich gemacht werden, dass der Teaser im Haupttext gefettet dargestellt wird. So könne der doppelte Vorspann einfach übersprungen werden.

Auch nicht für besonders geeignet hält Heijnk den Nachrichten-Lead, in welchem bereits alle wichtigen Fragen beantwortet werden. Zwar würden die Leser somit in aller Kürze das Wichtigste erfahren, ein Anreiz, auch den restlichen Artikel noch zu lesen, werde dadurch jedoch nicht gegeben.

Unschön sei auch der Abbruch des Vorspanns, manchmal sogar mitten im Satz. Der Leser könne leicht den Eindruck gewinnen, es handle sich hierbei um eine automatisierte Site, die nicht von Redakteuren bearbeitet werde.

Als insbesondere für Nachrichten-Homepages geeignetes Modell schlägt er den »Cliffhanger« vor. Hierbei würden dem Leser die entscheidenden Informationen vorenthalten, was die Neugier zum Weiterlesen wecken soll. Diese Variante sollte jedoch nicht zu häufig eingesetzt werden, und auch nur dann, wenn im Haupttext wirklich weitere, relevante Informationen stehen [20].

Giscard: Turkey isn't part of Europe
The head of the European Union's constitutional convention broke from the official position of the 15-member bloc Friday over Turkish membership, saying Turkey was not a European country.
Thomas Fuller

www.iht.com Abb. 215

Hierarchie und Vernetzung

Im Unterschied zu einem Zeitungsartikel kann der Leser online nicht auf den ersten Blick erkennen, ob es sich um eine kurze Meldung oder einen ausführlichen Bericht handelt, möglicherweise sogar um ein ganzes Themenpaket (Dossier), das wiederum auf mehrere Bildschirmseiten verteilt ist.

Wird in einer Zeitung durch Platzierung und Länge eines Artikels auch gleichzeitig die Bedeutung, die die Redaktion einem Thema beimisst, kommuniziert, die Wichtigkeit also gewissermaßen vorgegeben, bietet der Bildschirm nur sehr begrenzte Möglichkeiten. Im Internet kann die Brisanz eines Themas durch den prominenten Platz auf der Homepage sichtbar gemacht werden, oder indem es als Aufmacher im jeweiligen Ressort mit größerem Bild und größerer Überschrift angerissen wird. Die Anzahl der weiterführenden Artikel oder Links zu externen Sites kann ein weiteres Indiz für die Bedeutung eines Themas sein.
Obwohl das Internet unendlich viel Platz in die Tiefe bietet, herrscht auf den Übersichtsseiten erheblicher Platzmangel.

Damit der Leser schnell die aktuellsten und wichtigsten Themen findet, braucht ein Online-Angebot auch inhaltlich eine hierarchische Ordnung: Auf der Homepage stehen die wichtigsten und aktuellsten Themen. Von oben nach unten erfolgt die Sortierung am besten zunächst nach Aktualität und Wichtigkeit und erst in zweiter Linie nach Ressorts.

Die Top-Meldungen wechseln in der Regel mehrmals am Tag, wobei für alle Nutzer die Publikationszeit eines Artikels von Bedeutung ist. Sie kann ein erstes Kriterium dafür sein, ob Neuigkeiten überhaupt zu erwarten sind. Die Zeit- und Datumsangabe darf nicht weggelassen werden, um eine längere Publikationspause zu verschleiern. Die Verärgerung der Leser wird größer sein, wenn sie erst beim Lesen feststellen, dass beispielsweise im Fall einer Geiselnahme über den Stand des Vortages berichtet wird. Transparenz ist hier unbedingt zu wahren.

www.wired.com Abb. 216

Sehr deutlich wird auf weitere Inhalte verwiesen. Zusätzlich finden sich in dieser linken Spalte weitere Funktionen wie Artikel drucken, Fotos zum Bericht etc.

Innerhalb der Berichte gilt es ebenfalls einer Hierarchie zu folgen. Der Textaufbau erfolgt, wie auch bei journalistischen Beiträgen in anderen Medien, nach der Sortierung: das Wichtigste zuerst. Die so genannten W-Fragen: Wer? Was? Wann? Wo? Wie? Warum? Woher (Quelle)? sollten bereits in den ersten Absätzen beantwortet werden. Wer die Lektüre vertiefen möchte, wird weiterlesen. Wer es eilig hat, bekommt auch beim flüchtigen Anlesen die wichtigsten Informationen.

Erst durch Vernetzung von Inhalten entsteht eine inhaltliche Tiefe, die eine Tageszeitung nur durch Sonderseiten in ähnlicher Weise bieten kann. Platz, der in Zeitungen selten ausreichend zur Verfügung steht, ist im World Wide Web unendlich vorhanden. Lediglich die Absprungstellen zu den jeweiligen Hintergründen, Porträts, Archivartikeln, Bildergalerien etc. müssen gut sichtbar und leicht verständlich mit dem Hauptartikel verknüpft werden. Meist erscheinen unter der Überschrift »zum Thema« oder zu einem Schlagwort die anderen Inhalte seitlich des Haupttextes aufgelistet.

Eine Besonderheit, die kein anderes Medium als das Internet so bieten kann, ist die Möglichkeit der Verlinkung auf andere Dokumente, entweder intern oder zu externen Sites. So wurde bespielsweise der Koalitionsvertrag der rot-grünen Bundesregierung im Oktober 2002 bei der *Süddeutschen online* und der *Stuttgarter Zeitung online* bereits wenige Minuten nach der Unterzeichnung als PDF zum Download angeboten.

Auch wenn man innerhalb des eigenen Angebots bleibt, so sollte dem Nutzer durch ein Icon angekündigt werden, dass sich mit dem Link ein neues Browserfenster öffnet. Durch entsprechende Navigationselemente kann der Nutzer leicht wieder zum Ausgangspunkt zurückkehren. Verweisen die Links auf externe Seiten, ist es immer besser, mit einem zweiten Fenster zu arbeiten. Durch Schließen des neuen Fensters kehrt der Leser dann zum ursprünglichen Angebot zurück.

Wird auf externe Inhalte verlinkt, so zählt die Überprüfung der Quellen auf Seriosität und Glaubwürdigkeit unbedingt zur journalistischen Sorgfaltspflicht von Online-Redakteuren.

Ticker und Automatismus

Bei den so genannten Ticker-Modulen handelt es sich um einen Automatismus, bei dem direkt von der Nachrichten-Agentur Kurzmeldungen extra für Online-Dienste eingespeist werden. Die neueste Meldung erscheint an oberster Stelle und verdrängt die vorherige auf die zweite Position. Die Inhalte kommen hier zu Lande in der Regel von der Deutschen Presseagentur (dpa), die sich dazu verpflichtet hat, selbst nicht als Nachrichtenanbieter im Netz aufzutreten.

Zwar können die Redaktionen in den Automatismus eingreifen und entweder Meldungen herausnehmen oder eigene hinzufügen, doch aufgrund der hohen Frequenz, mit der dort Nachrichten einlaufen, ist dies eher die Ausnahme. Verwirrend wird es für den Nutzer, wenn er in einem offensichtlich automatisch aktualisierten Bereich plötzlich auf von der Redaktion hervorgehobene Meldungen stößt (Abb. 218).

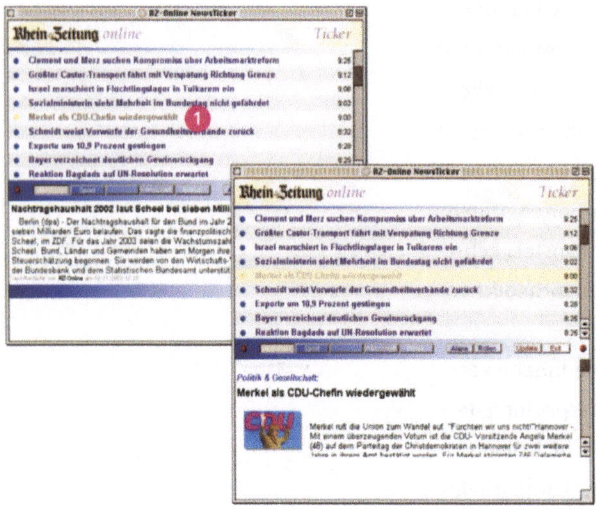

www.rz-online.de Abb. 218

Für den Nutzer wird nicht klar, weshalb in dem Tickermodul einzelne Meldungen (1) hervorgehoben werden.

Die meisten Online-News-Dienste haben sich dafür entschieden, die Ticker in einem Pop-up-Fenster zu präsentieren. So können die Nutzer dieses eigenständige Feature in einer Ecke ihres Monitors gegebenenfalls den ganzen Tag im Hintergrund laufen lassen. Als Nacht- oder Wochenend-Notprogramm liefert ein Ticker zumindest in Kürze die wichtigsten Nachrichten. Da die wenigsten Online-Redaktionen 24 Stunden besetzt sind, wird gewährleistet, dass überregional bedeutsame Ereignisse dennoch gemeldet werden.

Der Ticker bei www.welt.de ist zusätzlich in einzelne Ressorts unterteilt, so dass sich diejenigen, die sich ausschließlich für Politik-, Wirtschafts- oder Sportmeldungen interessieren, diese gezielt aufrufen können. Die Möglichkeit, alle Meldungen aus allen Ressorts zusammen anzeigen zu lassen, besteht zusätzlich. Über die Bedeutung, die der Ticker im Online-Angebot der *Welt* haben soll, scheint Uneinigkeit zu herrschen, wird er doch immer wieder sehr prominent platziert, verschwindet dann für einige Monate, um danach an seinen alten Platz zurückzukehren.

Abb. 219a
www.stuttgarter-zeitung.de

Abb. 219b
www.welt.de

Printintegration / E-Paper

Häufig werden die Inhalte des Printproduktes in den Online-Ausgaben mit denen der Online-Redaktion vermischt. Bei der *Süddeutschen Zeitung* werden beispielsweise von den gedruckten Artikeln gegebenenfalls nachträglich die Überschriften geändert und dem Text ein anderes Foto beigefügt. Bei einer Änderung der Überschrift wird zunächst vermittelt, dass es sich um einen anderen, neuen Text handelt. In diesem Fall wäre es hilfreich, wenn irgendwo stünde: »Aus der Zeitung vom...«. Dies würde für den Leser, der sich für die Herkunft des Artikels und damit auch den Grad der Aktualität interessiert, mehr Transparenz schaffen.

Insgesamt ist festzustellen, dass eine Abnabelung der Online-Inhalte vom Muttermedium mehr und mehr stattfindet und sich diese Tendenz in den kommenden Jahren weiter verstärken wird. Immer seltener werden alle Artikel der jeweiligen Tageszeitung online kostenlos zur Verfügung gestellt.

Eine neue Präsentationsform setzt sich langsam durch. Das so genannte Digi-Paper oder E-Paper imitiert mehr denn je die gedruckte Zeitung im digitalen Medium. Dieser neuer Service tritt anstelle der bislang meist kostenlosen Print-Artikel in Erscheinung. Unentgeltlich, wie wir es von den Online-Ausgaben bis vor kurzem gewohnt waren, ist dieses Feature allerdings nicht zu bekommen.

Die *Rhein-Zeitung* stellt zur Ansicht jeweils eine ältere Ausgabe ins Netz. *Die Financial Times Deutschland* bietet den E-Paper-Service für Abonnenten kostenfrei an.

Verschiedene Formate werden beim E-Paper angeboten: Die gesamte Zeitung 1:1 als PDF (lange Ladezeit), die einzelnen Bilder als jpg, die Texte im HTML-Format oder die Texte mit Bildern kombiniert als jpg, wobei in diesem Fall die Textqualität meist sehr schlecht ist, um die Datei möglichst klein zu halten.

www.derstandarddigital.at Abb. 220

E-Paper

Wie viele Nutzer bereit sein werden, für ein Abonnement der digitalen Zeitung zu bezahlen, wird sich erst zeigen. Möglicherweise werden in erster Linie Kunden gewonnen, die bereits ein Zeitungs-Abo besitzen und für einen geringen Aufpreis noch die digitale Ausgabe hinzubestellen. Interessant ist dieses Angebot in jedem Fall für all diejenigen Abonnenten, die nicht am Erscheinungsort oder in der näheren Umgebung wohnen. Sie müssen sich bislang entweder mit der Fernausgabe begnügen, die viele Stunden vor dem letzten Redaktionsschluss in Druck geht, oder aber bekommen die Zeitung erst sehr viel später am Tag mit der Post zugestellt. Ein E-Paper-Abo wird immer pünktlich zugestellt und es besteht aus der zuletzt aktualisierten Ausgabe.

Die Preisentwicklung wird sich in den nächsten Jahren abzeichnen, auch ob für die Möglichkeit, einzelne Artikel oder einzelne Ressorts zu bestellen, Angebote entstehen.

Der Medienphilosoph Marshall McLuhan verkündete in den sechziger Jahren, dass neue Medien zunächst immer ihre Vorgänger imitieren und die alten Medien zum Inhalt haben. So dauerte es auch einige Jahre, bis das Fernsehen zu eigenständigen Formen fand und sich vom Hörfunk abgrenzte. Daraus lässt sich ableiten, dass auch das Internet noch einige Zeit brauchen wird, um zu seinen Darstellungs- und Rezeptionsformen zu finden.

E-Paper wäre in diesem Sinn ein Rückschritt. Betrachtet man es jedoch so, dass die digitale Zeitung immer noch die eigentliche Zeitung ist, so handelt es sich lediglich um einen neuen Vertriebsweg. Nur die News-Sites müssen noch weiterhin zu ihrer dem Medium entsprechenden Form finden.

Aftab e Yazd Daily

آفتاب

نگران دیکتاتوری در دستگاه‌هایی باشیم که مکانیزم پاسخگویی ندارند

www.aftabnews.net (Iran) **Abb. 221**

Während die Verbreitung der aktuellen Tageszeitung hier zu Lande als fortschrittliches E-Paper propagiert wird, stellt die Zeitung als PDF andernorts die kostengünstigste und einfachste Methode dar.

Nur wenige Online-Redaktionen sind so mit dem Muttermedium verflochten, dass auch eine räumliche Nähe herrscht. In der Praxis zeigt sich, dass Verständnis, Interesse und Kooperationen mit den Print-Kollegen erst allmählich zunehmen. Manche ablehnende Haltung gegenüber dem Internet rührte nicht zuletzt daher, dass das Neue und Fremde auch als Konkurrenz im eigenen Haus betrachtet wurde. Sieht man die Online-Angebote, die an Tageszeitungen angegliedert sind, jedoch als Ergänzung zur Printausgabe oder gar als eigenständige Publikation, lässt sich dieses Vorurteil revidieren.

In vielen Fällen wurden Tochterfirmen gegründet, die Redaktionen personell neu bestückt und nicht in die bereits bestehenden Redaktionen integriert. Absprachen mit den Printredaktionen finden je nach Größe der Redaktionen direkt mit einzelnen Redakteuren statt oder auf übergeordneter Ebene zwischen Ressortleitern. Synergieeffekte sind bereits bei relativ kleinen und alltäglichen Themen zu beobachten, wie beispielsweise beim Thema »Erhöhung der Strompreise«. So ein Verbraucherthema bleibt über einige Tage oder Wochen aktuell, online kann dazu ein Archiv der bislang zu diesem Thema erschienenen Zeitungsartikel angelegt werden. Zudem kann der Hinweis auf weitere Informationen, die nur online zu bekommen sind, in der Zeitung erscheinen. Links zu Verbrauchertipps und Hinweise zu einigen ausgewählten Websites, die sich mit dem Thema Strompreise beschäftigen, sind dann nur noch einen Klick entfernt. Zeitungsleser, die erst nach einigen Tagen in dieses Thema einsteigen, werden immer noch alle wichtigen Informationen vorfinden und können diese nachlesen.

www.stuttgarter-zeitung.de

Abb. 223

Inhalte aus der gedruckten Zeitung können schon am Vortag online beworben werden (1).

Gegenseitige Werbung und auch Markenbindung kann so aussehen: Die Online-Redaktion veranstaltet einen Experten-Chat, auf den in der Zeitung hingewiesen wird. Denn 63% der angesteuerten URLs entnehmen Internet-Nutzer aus Zeitungen und Zeitschriften. Umgekehrt kann die Zeitung eine Exklusiv-Geschichte am späten Nachmittag mit ersten Informationen online ankündigen. Alles Weitere wird der Leser am nächsten Tag in der gedruckten Zeitung zu lesen bekommen. Auf diesem Wege wird auch mancher ausschließliche Online-Nutzer zum Kauf der Zeitung animiert.

News-Content und journalistischer Wildwuchs

Neu am Medium Internet ist, dass nun jede Privatperson mit relativ einfachen Mitteln weltweit publizieren kann. Christoph Neuberger grenzt daher den »echten« Online-Journalismus von »Pseudo-Journalismus«, den Unternehmen verbreiten, und von »Parajournalismus«, den Laien produzieren, ab [21].

Die Qualität von privaten, oft tagebuchartigen Websites einmal dahingestellt, Laienjournalismus dürfte auch von Laien-Lesern schnell als solcher erkannt werden. Anders verhält es sich hingegen mit dem von Neuberger als Pseudo-Journalismus bezeichneten Unternehmens-Mitteilungen. Denn die PR-Texte erscheinen nicht nur auf den unternehmenseigenen Websites, sondern zunehmend auch auf scheinbar neutralen Informationsportalen.

Kooperationen zwischen Unternehmen, und sogar bis vor kurzem zwischen Microsoft und dem ZDF, sind im Internet nicht unbedingt auf den ersten Blick zu erkennen. Dass eine Zusammenarbeit von ZDF und Microsoft Network (MSN) nicht dauerhaft geduldet wurde, ist verständlich. Eine kritische Berichterstattung gegenüber Microsoft ist nur schwer vorstellbar, wenn Hard- und Software aus diesem Hause nicht nur finanziert werden, sondern die Inhalte von ZDF-Online sogar auf deren Servern in den USA lagerten. Die Ministerpräsidenten der Bundesländer haben entschieden, dass öffentlich-rechtliche Sender zwar Internet-Angebote erstellen, diese jedoch auf lange Sicht keine Werbung oder Sponsoring enthalten dürften [22].

News-Sites als Content-Lieferanten

Die Gefährdung der Unabhängigkeit und der Objektivität durch Sponsoring ist die eine Seite. Andersherum findet auf Portalen von Webdiensten, Providern und Freemail-Anbietern, aber auch den Startseiten von Städten eine Vermischung von Werbung und Nachrichten statt, die es bislang so nicht gab. Wer mit T-Online ins World Wide Web startet, bekommt auf der Eingangseite Nachrichten präsentiert, die von den großen Nachrichtenagenturen stammen. Auch auf den Internetseiten von Städten und Gemeinden werden zunehmend aktuelle Nachrichten angeboten. Berlin-Online zum Beispiel ist eine Kooperation von der Stadt, Institutionen und verschiedenen Zeitungen (*Berliner Zeitung, Berliner Kurier, Berliner Abendblatt* und *Tip*).

Häufig gehen Online-Redaktionen Kooperationen ein, in denen sie als Content-Lieferant auftreteten. Portale, auf denen sich beispielsweise regionale Unternehmen zusammengetan haben, um Online-Shops unter einem gemeinsamen Dach anzubieten, werden durch eine Auswahl von aktuellen Zeitungsartikeln attraktiver für die Nutzer. Derartige Kooperationen erfolgen technisch meist so, dass der Anriss des Artikels auf den Seiten des Portals zu lesen ist, während der Volltext nur durch den Link auf das Angebot der jeweiligen Zeitung angezeigt wird. So profitieren beide Seiten von der Zusammenarbeit. Der Content-Lieferant wirbt auf dem Portal mit Artikelanrissen und interessierte Leser landen auf den Original-Sites (Abb. 225). Das Portal erhält dadurch ein Informationsangebot, das weit über den Zusammenschluss von Unternehmen hinausgeht. Das Portal erhält dadurch ein Informationsangebot, das weit über den Zusammenschluss von Online-Shops hinausgeht.

www.stuttgarter-nachrichten.de

Abb. 225

Die News-Site der *Stuttgarter Nachrichten* als Content-Lieferant für Marktplatz Region Stuttgart. Wichtig für das Vertrauen des Nutzers ist das Erkennen der Verknüpfung (2, »Wohin komme ich, wenn ich auf den Link klicke?«).

6

»You see things; and you say, Why?
But I dream things that never were;
and I say, Why not?«

George Bernard Shaw

Ausblick

Immer in Bewegung

Ein Phänomen, welches bei komplexen Websites immer wieder zu beobachten ist, ist die unklare Hierarchie der Inhalte. Wertigkeiten verschieben sich mit der Zeit. So müssen neue Inhalte gegenüber älteren, ebenso wichtigen Inhalten betont werden. Die bis dahin mit höchster Priorität hervorgehobenen Inhalte rücken an eine andere Stelle im Angebot. Form und Struktur einer Website sind unter Berücksichtigung ständiger Aktualität einem permanentem Wandel ausgesetzt.

Kein Jahr vergeht, in dem nicht an mehreren Stellen Soft-Relaunches stattfinden, komplette Relaunches werden im Durchschnitt alle zwei Jahre durchgeführt. Dieser Zeitraum wird sich in den nächsten Jahren sicherlich etwas ausdehnen. Dennoch wird das Internet auch künftig einem sehr viel stärkeren Wandel ausgesetzt sein als TV und Print. Genügt ein neues Design bei einer Zeitung etwa alle sieben Jahre, wird sich dieses Intervall für Online-Präsenzen vermutlich bei zwei bis drei Jahren einpendeln.

News-Sites müssen jedes Mittel einsetzen, um Erkenntnisse über die Vorlieben und die Art und Weise, wie ihre Nutzer News im Internet konsumieren, zu gewinnen. Neben technischen Hilfsmitteln wie die personalisierte Homepage sollten auch Umfragen und empirische Tests in regelmäßigen Abständen durchgeführt werden.

Zudem sollten Anbieter von News-Sites sich auf die Weiterentwicklung ihrer technischen Möglichkeiten konzentrieren. Werden die Vorteile des Digitalen kommuniziert, wird die Akzeptanz des Mediums Internet bei den Lesern steigen. Archive, Veranstaltungskalender und Anzeigenmärkte sind Serviceangebote, die mit den Neuen Medien komfortabler zu handhaben sind als in den klassischen Medien.

Künftig werden die Nutzer verstärkt auf handlichen Geräten (PDA, Smartphone etc.) News-Angebote abrufen. Wurde noch vor wenigen Jahren die digitale Zeitung auf ultradünnen, flexiblen Displays als Spinnerei abgetan, ist diese technologische Entwicklung inzwischen ernst zu nehmen. So gennante Smart-Paper, E-Films und OLED-Displays werden von namhaften Firmen bereits in diesem Jahrzehnt auf den Markt kommen.

Chancen

Obwohl das Internet global ausgerichtet ist, liegt eine der größten Chancen für News-Dienste gerade in der Regionalisierung der Inhalte. Der Markt für überregionale Nachrichten-Sites im Online-Medium ist begrenzt. Hat sich in Deutschland eine Marke wie *Spiegel Online* längst etabliert, ist es bereits für einen neueren, reinen Online-Dienst wie die *Netzeitung* schwierig, gleichzuziehen. Während die inhaltlichen Unterscheidungsmöglichkeiten hier begrenzt scheinen, bietet das Informationsdesign die Möglichkeit sich qualitativ abzuheben. Würden sich auch alle großen regionalen News-Anbieter auf die Berichterstattung von Weltnachrichten spezialisieren, würden sie sich am Ende zu wenig unterscheiden.

Dies bedeutet keinesfalls, dass wichtige weltpolitische Ereignisse bei regionalen Anbietern wegfallen dürfen. Sie gehören zweifelsfrei zur Pflicht. Die Kompetenz in den regionalen und lokalen Themen sollte aber unbedingt bereits auf der Homepage kommuniziert werden. Insbesondere Themen, die über einen längeren Zeitraum aktuell bleiben (zum Beispiel große Bauprojekte einer Stadt, wiederkehrende Sportereignisse etc.), schaffen Bindung zum Medium und können eine News-Site zur Daueranlaufstelle in der Region machen. Fügt man diesen daueraktuellen Themen noch Diskussionsforen hinzu, erhöht dies die Regelmäßigkeit, mit der Stammleser die Seite aufrufen und bietet der Redaktion die Möglichkeit, sich ein besseres Bild über die Leser zu machen.

7

Anhang

Glossar

A

Absprungstelle

Navigationspunkt auf einer Website (auch: Link, Sprungmarke). Von der Absprungstelle gelangt man zu einer neuen Informationseinheit.

Antialiasing

auch: Schriftglättung. Methode, den scharfen »treppenartigen« Rand eines Buchstabens mittels Farbabstufung zur Hintergrundfarbe »glatter« erscheinen zu lassen. Nebeneffekt: die Schrift wirkt unschärfer.

Assoziativer Link

Link, der intuitiv zu einem Begriff, Thema oder Artikel passt.

Aufklappliste

Ein im Aussehen vom Betriebssystem des Computers vorgegebenes Navigationselement, das durch Anklicken eine Liste mit Inhaltspunkten zeigt.

B

Briefmarke

Content-Werbung auf einer News-Site. Normalerweise in den Randspalten platziert.

C

Cascading-Style-Sheets (CSS)

Formatvorlagen, mit deren Hilfe sich Schriftart, Schriftgröße, Schriftfarbe einer Website definieren lassen.

Centerpage

auch: Contentpage. Alle Seiten einer Website außer der Homepage.

Channel

Ressorts, Rubriken oder inhaltlich verschiedene Kanäle.

Cliffhanger

Methode, die vom Filmschnitt stammt. Eine wesentliche Information wird nur angedeutet und erst beim Klick auf den Volltext ausgeführt.

Collect now – Read later

Methode, mit der die Nutzer Artikel sammeln können, um sie später zu lesen. Die Verlinkung von Artikeln wird dadurch individualisert (Clipping).

Content Management System (CMS)

auch: Redaktionssystem. Über eine leicht zu bedienende Maske werden Daten in Datenbanken eingepflegt. Diese werden dann über das CMS verwaltet und in verschiedene vorgefertigte HTML-Seiten (Template) geladen.

Contentpage

⟶ Centerpage

Content-Werbung

Werbung für die eigenen Inhalte einer Website mittels ⟶ assoziativen oder ⟶ See-also-Links.

Corporate Colour

Primäre Farbe als Bestandteil eines Erscheinungsbildes.

D

DHTML

Dynamisches HTML. Elemente einer HTML-Seite können während der Anzeige dynamisch (automatisch oder durch Einwirken des Anwenders) verändert werden [11].

Digi-Paper

⟶ E-Paper

E

E-Paper

Original-Ausgabe der gedruckten Tageszeitung als PDF-ähnliches Format im Internet über den Browser abrufbar.

F

Farbsystem

Unterscheidet sich von einem Farbleitsystem im Internet dadurch, dass Bereiche nur auf der Homepage farblich getrennt werden. In der Site sind die Bereiche jedoch nicht mit den jeweiligen Farben gestaltet.

Feature

Spezielle Technik im Zusammenhang mit einer Dienstleistung.

Flash

Programm von Macromedia mit dem Inhalte multimedial aufbereitet werden, um sie im Internet abrufen zu können (Flash-Filme, .swf).

Font-Embedding

→ Schrift-Einbindung

I

Icon

Symbol, welches eine spezielle Funktion markiert.

Interface

Schnittstelle zwischen Mensch und Computer. Bei Websites die grafische Benutzeroberfläche, die der Nutzer bedienen muss, um durch die Site zu navigieren.

J

Javascript-Fenster

→ Satellit, Pop-up-Fenster

M

Main-Left

Links platzierte Primär-Navigation auf einer Website.

Main-Top

Im Seitenkopf platzierte Primär-Navigation auf einer Website.

Micro-Site

Die Verknüpfung mehrerer inhaltlich aufeinander bezogener Internetseiten in einem Satellit.

P

Pop-up-Fenster

→ Satellit

Pull-Content

Inhalte einer News-Site, die der Nutzer selbst auswählt. Er bestimmt, welche und wie viele Informationen er erhalten möchte.

Push-Content

Inhalte einer News-Site, die dem Nutzer präsentiert werden, ohne dass er eine Selektion treffen kann. Er konsumiert diese Inhalte zuerst auf einer überwiegend passiven Ebene.

S

Satellit

auch: Javascript-Fenster. Ein extra Browserfenster, welches durch Anklicken eines Links über dem aktuellen Browserfenster in einer festgelegten Größe geöffnet wird. Wird in der Regel zur Darstellung »kleinerer Inhalte« (Ticker, Bildergalerien) genutzt.

Schrift-Einbindung

Einbindung von Schriften in Webpages. Durch Font-Embedding kann jede (dafür lizensierte) Schrift in einem speziellen Format abgespeichert und so (einmal auf den Benutzerrechner heruntergeladen) für die Darstellung von Texten genutzt werden.

Schriftglättung

→ Antialiasing

See-also-Links
Links, die dem Nutzer alternative und zusätzliche Inhalte anbieten.

Soft-Relaunch
Freischaltung eines oder mehrerer Teilbereiche einer Website, die umgestaltet worden sind.

T

Teaser
⟶ Artikelanriss, Vorspann.

Truedoc
Schrift-Einbindungstechnik von Bitstream.
http://www.truedoc.com/webpages/intro/index.html

Twin
Navigationsform, bei der dieselben Rubriken gedoppelt in einer Main-Top- und Main-Left-Navigation auftauchen.

U

URL
Uniform Resource Locator. Internet-Adresse eines Dokumentes oder einer Website im Internet.

Usability
Meint die Benutzbarkeit einer Website. Gute Usability steht für intuitive Navigation und leicht verständliche Struktur der Site.

User Interface
⟶ Interface

W

Web Embedding Font Tool (WEFT)
Schrift-Einbindungstechnik von Microsoft.
http://www.microsoft.com/typography/web/embedding/weft3/default.htm

Quellenverzeichnis

[1] Michael Klein aus: Mutius, von Bernhard (2000), »Die Verwandlung der Welt, Ein Dialog mit der Zukunft«, Klett-Cotta, Stuttgart.

[2] ARD/ZDF Online Studie 2002, http://www.daserste.de/studie

[3] Meyer-Lucht, Robin (2002) »In der Zwischenzeit«, Universität St. Gallen

[4] Raskin, Jef (2000) »The Humane Interface«, S.31, Reading, Addison-Wesley

[5] http://www.thecounter.com, Ergebnis der Auswertungen von September 2002

[6] Greenman, C. (2000) »Printed Page Beats PC Screen For Reading«, Informationen zur Studie unter http://www.acs.ohio-state.edu/units/research/archive/comptext.htm

[7] http://psychology.wichita.edu/surl/usabilitynews/42/depth.htm

[8] Tim Dowd, »The Language of Color«, http://eserver.org/courses/w01/tc510/hades/dowd1.htm; Wayne (1991), »The Power of Color«

[9] Itten, Johannes, »Kunst der Farbe« (2001), S. 88ff. gekürzte Studienausgabe, Seemann Verlag Leipzig

[10] Brigitte Hallenberger, Hartmut Rudolf, http://www.metacolor.de/gleich_ungleich.htm

[11] Hoofacker, Gabriele (2001) »Online-Journalismus, Schreiben und Gestalten für das Internet.« List Verlag, München

[12] Kunz, W. (1998) »Typografie: Makro- und Mikroästhetik«, Verlag Niggli AG, Schweiz-Liechtenstein, 53-55

[13] Bruce »Tog« Tognazzini, (1996) »TOG on Interface«, S. 34ff., Addison-Wesley Publishing Company

[14] Bucher, Hans-Jürgen und Jäckel, Michael (2002); »E-Business-Plattformen im Usability Test« aus »Content im Internet«, Vistas Verlag

[15] Aaron Marcus, (1986) »Ten commandments of Color«.
Murch, (1984) »Guidelines for Color on Computer Displays«

[16] Miller, G.A. (1956), »The magical number seven, plus or minus two: Some limits on our capacity for processing information«, The Psychological Review, 81-97.

[17] Bob Bailey (2000) , »Reducing reliance on superstition«; http://www.humanfactors.com/downloads/sep002.htm

Broadbent, D.E. (1975), The magic number seven after fifteen years. In A. Kennedy and A. Wilkes (eds.), Studies in Long-Term Memory, New York: Wiley, 3-18.

LeCompte, D. (1999), Seven, plus or minus two, is too much to bear: Three (or fewer) is the real magic number, Proceedings of the Human Factors and Ergonomics Society, 289-292.

MacGregor, J.N. (1987), Short-term memory capacity: Limitation or optimization? Psychological Review, 94(1), 107-108.

[18] http://www.cio.com/research/behavior/edit/survey6.html

[19] w&v, die argonauten/webmiles, Dezember 2001; http://www.wuv-studien.de/wuv/studien/122001/430/index.htm

[20] Heijnk, Stefan (2002) »Texten fürs Web«, dpunkt Verlag, Heidelberg, Seite 54 ff

[21] Christoph Neuberger (2000) »Renaissance oder Niedergang des Journalismus? Ein Forschungsüberblick zum Onlline-Journalismus« In: Klaus-Dieter Altmeppen, Hans-Jürgen Bucher, Martin Löffelholz (Hrsg.): Online-Journalismus. Perspektiven für Wissenschaft und Praxis. Westdeutscher Verlag, Wiesbaden, 2000, Seite 15-48.

[22] Jürgen Wilke / Christina Joho: »Journalistische Arbeitsweisen in Internetredaktionen am Beispiel des ZDF«. In: Klaus-Dieter Altmeppen, Hans-Jürgen Bucher, Martin Löffelholz (Hrsg.): Online-Journalismus. Perspektiven für Wissenschaft und Praxis. Westdeutscher Verlag, Wiesbaden 2000, S. 95-106.

[23] http://selfhtml.teamone.de

Zitate

Kapitel 1

Smith, Anthony, »Goodbye Gutenberg: The Newspaper Revolution of the 1980s« (Oxford: Oxford University Press, 1981), S. 313.

Kapitel 2

Wurman, Richard Saul. Architekt, visueller Gestalter, Gründer der TED Conferences on Technology Entertainment Design, Newport RI.

Kapitel 3

Glaser, Peter. Computerexperte und Publizist, Hamburg.

Kapitel 4

Rosnay, Joël de. Biologe und Zukunftsforscher, Direktor für Entwicklung und internationale Beziehungen der Cité des Sciences et de l'industrie, Paris.

Kapitel 5

Bateson, Gregory. Psychologe, Anthropologe und Kybernetiker, (Mit-)Begründer der systemischen Kommunikationslehre, gest. 1980 in San Francisco.

Kapitel 6

Shaw, George Bernhard. Schriftsteller, gest. 1950 in Hertfordshire.

Zitate Kapitel 2 bis 6 aus Mutius, von Bernhard (2000), »Die Verwandlung der Welt, Ein Dialog mit der Zukunft«, Klett-Cotta, Stuttgart.

News-Sites Übersicht

Die Angaben zu den internationalen Publikationen sind im Wesentlichen aus dem Presseverzeichnis des »Courrier International« und der Übersicht über die internationale Presse bei der Weltwoche entnommen.

http://www.courrierinternational.com

http://weltwoche.ch

Index

D

E

F

G

H

I

O

P

R

S

T

U

V

W

Y

Z

Dankeschön Detlef Bursiek, Stephen England, Mario Garcia, Dennis Helebrant, Joachim Hentschel, Ben Hermel, Andreas Kranz, Juliane Mars, Matthias Rischewski (Typografie!), Dirk Ruetz, Henrik Schenck, Nina Scheuer, Nina Schlieben, Thomas Schneider, Volker Schrank